四特 教育系列丛书 SITEJIAOYUXILIECONGSHU

U0588973

教育语言随心用

《"四特"教育系列丛书》编委会　编著

吉林出版集团股份有限公司
全国百佳图书出版单位

图书在版编目 (CIP) 数据

教育语言随心用／《"四特"教育系列丛书》编委会编著.
—长春：吉林出版集团股份有限公司，2012.4
（"四特"教育系列丛书／庄文中，龚玲，萧枫，
姜忠喆主编.教师全方位修炼）
ISBN 978-7-5463-8766-6

I. ①教… Ⅱ . ①四… Ⅲ . ①教育学：语言学
Ⅳ . ① H09

中国版本图书馆 CIP 数据核字（2012）第 045934 号

教育语言随心用

JIAOYU YUYAN SUIXIN YONG

出 版 人	吴 强
责任编辑	朱子玉　杨　帆
开　　本	690mm×960mm　1/16
字　　数	250 千字
印　　张	13
版　　次	2012 年 4 月第 1 版
印　　次	2023 年 2 月第 3 次印刷

出　　版	吉林出版集团股份有限公司
发　　行	吉林音像出版社有限责任公司
地　　址	长春市南关区福祉大路 5788 号
电　　话	0431-81629667
印　　刷	三河市燕春印务有限公司

ISBN 978-7-5463-8766-6　　　　定价：39.80 元

前　言

　　学校教育是个人一生中所受教育最重要的组成部分，个人在学校里接受计划性的指导，系统地学习文化知识、社会规范、道德准则和价值观念。学校教育从某种意义上讲，决定着个人社会化的水平和性质，是个体社会化的重要基地。知识经济时代要求社会尊师重教，学校教育越来越受重视，在社会中起到举足轻重的作用。

　　"四特教育系列丛书"以"特定对象、特别对待、特殊方法、特例分析"为宗旨，立足学校教育与管理，理论结合实践，集多位教育界专家、学者以及一线校长、老师的教育成果与经验于一体，围绕困扰学校、领导、教师、学生的教育难题，集思广益，多方借鉴，力求全面彻底解决。

　　本辑为"四特教育系列丛书"之《教师全方位修炼》。

　　教师的职业是"传道、受业、解惑"，教师的职责是把教学当成自己的终生事业，用"爱"塔起教育的基石，用自己的学识及人格魅力，点燃学生的兴趣，促进学生的健康、快乐成长。

　　俗话说："教师不能半桶水。"学生专业知识水平的高低，很大程度上受老师知识水平的制约，如果教师在教学中对教材分析不透，对知识重点把握不准，要点讲解不清，那么学生听过他的课就会产生一种模糊的收获不大的感觉。因此教师必须知识广博，语言丰富，学生才能学到真正的知识。本书从新世纪、新时代经济和社会发展的要求出发，从理论与实践的结合上，对新世纪教师素质及其修养的一系列问题，做了比较全面、系统、深入的阐述。应当说，这是一项十分有意义的工作。

　　本辑共20分册，具体内容如下。

　　1.《师魂》

　　教师被人们称为"人类灵魂的工程师"，担负着传授知识、传承文明、培养人才、提高民族素质的光荣任务。教师的最高境界需要"忙人之所闲，闲人之所忙"，从有到无，从无到有；从看教育是教育，到看教育不是教育，再到看教育还是教育，这就是对教育的最大贡献，让人的精神生活世界有生机、有活力、有智慧。

　　2.《以礼服人》

　　作为教师，我们要正确领会礼仪、礼貌、礼节、仪式和教师礼仪的概念，领会礼仪的地位和作用，掌握教师礼仪的原则、方法，坚持科学发展观，为构建社会主义和谐校园而奋斗。教师的一举手一投足，甚至一颦一笑，都蕴含着教育的力量。本书从教师的个人形象、教师的服饰、教师的语言、师生关系礼仪、教师与家长沟通礼仪、同事共处礼仪、集会礼仪和社会交往礼仪等方面，系统阐述了教师礼仪的一些基本常识。

3.《教师的一生修炼》

本书将重点探讨如下诸方面的理论与实务：职业规划——自我实现的教育生涯、如何设计职业生涯、职业发展规划行动、教师入职与离职规划、新教师角色适应规划、教师专业发展规划、校长成长规则、职场诊断与修炼、潜能开发以及享受学习化教育生活等。

4.《育人先做人》

教师是学生智慧的启蒙者，学生未来的引领者。教师的质量决定了教育的质量。教师的品质决定了教育的品位。教师人格的完善能够提升教育的水准。教育职业对教师人格提出了严格的要求：在教师自身的人格教育中不断提升自我，完善人格。人格教育是一生的工作，提升自我、完善人生会伴随一个人一生的历程。

5.《教育语言随心用》

本书内容涵盖了教学语言艺术和教育语言艺术训练的方方面面。从宏观综论到微观剖析，从课堂艺术到辅导艺术，从艺术对话到精彩演讲，从个性张扬到群体发展，从全体教育到特殊教育，质朴无华，内容充实，观点鲜明，为教师深入研究和准确使用教学语言和教育语言提供了可以借鉴的经验。

6.《师者无敌》

本书编写的基本理念是：从内容构架而言，以促进教师对自身职业的理解为基础，以增进教师职业人生的完善为基本目标，以启发、引导的方式来促进教师德性的自主形成；从编写形式而言，力求摆脱单一的理论说教，从当代教师职业生活实际出发，抓住主要问题，采取生动、灵活的语体形式，把精要的论述与典型的事例结合起来，注重该书的可读性。

7.《教师的信仰》

职业精神是教师不可缺失的最本质的东西。一个教师能不能成为好教师、名教师，关键是有没有职业道德，有没有职业精神。今天的教育，缺的不是楼房，而是文化与技术；缺的不是理念，而是行为与操作；缺的不是水平，而是责任和精神。教育的希望，在于教师良心的回归、精神家园的重建。只要有了良好的精神状态，我们就有战胜任何困难的勇气，就有奋然前行的动力。

8.《看透学生的心理》

学生的心理困惑从何而来？概括来说就是一"高"一"低"：高，学生是个承载社会、家长高期望值的群体，自我成才欲望非常强烈；低，其心理发展尚未成熟，缺乏社会经验，适应能力较差。正是这欲望与不能之间的矛盾造成了学生的心理问题。我们编写本书，是期望引导教师与青少年共同克服这一难题，去打开人生的成功局面。

9.《卓越教师》

突出骨干教师的培训，既是加强中小学教师队伍建设的当务之急，又是提高教师质量的长远之计。本书在编写上提倡以培训学科带头人为目标，以现代教育思想、现代教育技术、特级教师的学术报告以及当前教改的热点问题为研究内容，源于实践又高于实践，可用做骨干教师的培训教材，也可用于普通教师的自我阅读与提高，以期使教师在不长的时间内达到或接近特级教师的水准，成为学科带头人。

10.《与学生打成一片》

如何做最受学生欢迎的老师，是每个老师都要思考的问题，也是每个老师都希望的，学校的课程很多，语文、数学、英语、科学、音乐、美术、体育等，每门学科都有自身的特点，每个学生都有自己的喜好，我们都能真正做到让每个学生都欢迎吗？本书将教会教师怎么样靠自己的才能和高尚的品德赢得学生的喜欢和尊重，让每一个教师都能成为受学生欢迎的教师。

11.《培养教师爱岗敬业精神》

本书从教师的角度，阐述了教师爱岗敬业所带来的深刻变化，介绍了如何爱岗敬业的途径和方法，从勇于负责、乐于服从、热情专注、自动自发、团结协作、勤奋努力、敢于创新、节俭高效等方面，结合大量教育实例和人生哲理，向广大教师提出了爱岗敬业的崇高理念和修炼方法，期盼每一个教师都能从中受益。

12.《教师职业道德与素质培养》

当前，各级教育行政部门和社会各界都非常关注师德建设，师德教育已经被列为教师继续教育的重要内容之一。本书以专题研究为主线，以典型的案例及案例分析为依托，从教师工作、生活实际出发设置情境、提出问题，突出师德教育的操作性和实效性。本书将适应新世纪对教师职业道德建设的需求，该书也适用于在校师范生以及申请教师资格者学习。

13.《教师怎样提升教学质量》

每位教师的心里都有一个美好的心愿，那就是都想使自己的教学质量得到最大程度的提高。众所周知，教学质量是一个学校的生命线，如何提高教学质量是我们每一位教师时刻都在研究、都想努力做好的一件事。要让教育不平凡，出路就在于能突破平常很容易被封闭的平庸局面。优秀的教师，会善于用智慧慢慢凿开通向教育风景的出口。

14.《教师快乐工作指导》

教师工作细致而烦琐，教师不仅要组织好各种教育教学活动，还要保证学生的身心安全。长期的忙忙碌碌、精神高度集中，教师容易产生麻木、倦怠、疲劳的职业状态。为使教师消除职业倦怠，学会快乐地生活，愉快地工作，需要多渠道支持帮助教师进入积极健康的工作和生活状态，从心理、物质和精神上给予帮助和支持，让教师感受到集体的关怀和温暖。

15.《教师工作减压指导》

当教师很累，这已经是所有中小学教师共同的感受。中小学教师劳动强度很大，长此以往，就很容易使教师患上疲劳综合症，导致未老先衰，甚至英年早逝的恶果，对教育的可持续发展和教师队伍的稳定十分有害。中小学教师的过劳问题应当引起政府有关部门的高度重视，以人为本的科学发展观要落到实处，不要仅仅停留在口头上。作为教师个人，我们不要只等待有关部门的措施，必须想方设法给自己"减压"，以防被疲劳综合症缠身。

16.《教师文娱活动指南》

与家人、朋友一起开开心心消费课外时间与星期天，使身心从工作中彻底解脱出来，得到完整的休整，全面地恢复。要知道工作是永远干不完的，是没有最好的。我们需要多看到一些明天的太阳，让照亮别人的蜡烛燃烧得时间更久、更久……

17.《教师心理健康指南》

随着竞争愈来愈激烈，教师的工作节奏日趋紧张，精神上容易产生巨大压力，精神上和身体上的超负荷状态对健康是非常不利的。如果不注意休息和调节，中枢神经系统持续处于紧张状态，会引起心理过急反应，久而久之可导致交感神经兴奋增强，内分泌功能紊乱，产生各种身心疾病。本书力图从教师职业发展的实际需求出发，注重必要的理论引领与生动的案例分析相结合，突出专业性、应用性、操作性、可读性，可为广大中小学教师培训、自学提供借鉴，也可为高校相关专业的学生的学习、研究提供参考。

18.《教师怎样进行教学改革创新》

立足素质教育的学理，探析课堂教学的变革，反思课堂教学实践，重新审视素质教育理论，正是在实践和理论的互动中探讨我国教育的现实与未来。

19.《从历代名著中学习教育思想》

撷取世界知名教育家在世界教育史上具有重大影响和学习价值的教育名著进行选读。每位教育家及其著作均有作者简介、成书背景、内容精要、名著选读等内容。本书结合这些教育名家的成长经历，阐述了不同名著的理论内容和实践特色，批判继承了中外历史上进步的教育思想，对于提高读者的教育理论素养，提升教育工作者的教学水平和创新能力具有一定的借鉴意义。

20.《向教育名家学习教育智慧》

着重介绍当代教育家的教育思想。中国是一个教育大国，理应对全人类的教育做出自己的贡献。在两千多年的历史文明进程中，中国也确实不断为世界教育的进步贡献自己的教育思想、教育制度和教育智慧。中华人民共和国成立以来，尤其是改革开放以来，中国教育发生了深刻变化，取得巨大成就，同时，也不断涌现出新的教育思想、新的改革成就和新时代的教育家。我国一大批教育专家学者上下求索、大胆实践，为教育发展出谋划策，为教育改革殚精竭虑。他们的学术思想和教育实践直接推动了我国的教育改革与发展，并将对今后的教育实践与研究继续产生深刻影响。

由于时间、经验的关系，本书在编写等方面，必定存在不足和错误之处，衷心希望各界读者、一线教师及教育界人士批评指正。

编者

目　录

第一章

语言艺术概述

语言艺术的重要性及内涵

教师主要通过语言实现其教育教学目的，尤其在新课程改革提出师生之间发展为平等的对话关系后，教师如何运用语言显得更为重要。在课堂教学的师生交往中，教师借以传播信息的手段主要由言语行为和非言语行为构成。

在一定程度上讲，教师作为社会文明的传承者，其语言表达的水平影响着学生智力活动的水平。因此，为了更好地完成教育教学任务，教师不仅要能够自如地运用语言，更应追求语言的艺术性。苏联著名教育家苏霍姆林斯基指出："高度的语言修养是合理地利用时间的重要条件""教育的艺术首先包括说话的艺术、同人心交流的艺术，教师的语言修养在极大程度上决定着学生在课堂上脑力劳动的效率"。教师的语言如同影视语言、法律语言、音乐语言一样，是一种专业语言。它融科学性、教育性、艺术性等多种语言风格为一体，教师语言从语音、语调、节奏、词汇、逻辑到体态语言都有着基本的要求。教师语言是一种职业语言，是教师的行业用语。尽管它与其他行业用语有许多的共性，但其特异性是显而易见的。比如，它是一种带有书面语言色彩的口头语言，带有会话语言色彩的独白语言，带有态势语言色彩的有声语言，还是一种带有感情色彩的庄重语言，等等。

从教育专业用语来看，教师语言是一种以教育、教学为目标的语言表达方式。因此，它一方面具有明显的教育性，另一方面又具有某种规范性，即教师语言应该是规范性的语言。它既是教法、教态与教学语言的统一，也是教师身教与言教的统一。

为师之才何以体现？除了要博学，还要讲究技巧与艺术。一个教师只有将自己掌握的专业知识用浅显的语言表述得一清二楚，才能显现出他所具有的深厚的专业功底。如果词不达意、懵懵懂懂，必然功亏一篑。因为连话都讲不顺畅的人是不可能将复杂精深的思维成果成功地传授给别人的。所以说，知识是前提，而表达是关键中的关键。不可否认，一个人的语言能力跟他的思想、知识和经验等因素密切相关；同时必须承认，在思想、知识和经验相当者之间，语言能力往往也有强弱之分。这说明语

言能力本身具有相对的独立性，是可以而且需要专门学习和培养的。

所谓教师语言，是教师在对学生实施素质教育的整个过程中，所使用的语言的总称。教师是多角色的人物，应注意角色语言的转换，在面对不同情境时运用不同的语言。教育艺术千姿百态，语言艺术千变万化。本研究把教师语言分为有声语言和无声语言两大类加以研究。

一、教师掌握语言艺术的重要性

语言是教师用来传授知识、进行教育的主要手段。教师能否掌握语言艺术，直接影响着教育的效果。精心设计的、闪耀着智慧火花的教师语言，能把模糊的事理讲清晰、把枯燥的道理讲生动、把静态的现象讲得"活"起来，启发学生去探索、去追问、去挖掘，使学生的思维经常处于活跃的状态，从而大大提高学习效率。无数生动的案例表明，语言能力强的教师教学效果未必都好，但教学效果好的教师必定语言能力较强。在班主任工作中还发现：教师的威信与威望，除其他因素外，还与教师语言的魅力有很大关系。可见，掌握教师语言的艺术，对于完成教育教学工作十分重要。

但是，相当多的教师不重视语言技巧的把握，不懂得教师语言的艺术，甚至存在着三"不"、两"没有"的现象。

不规范——语言不规范，南腔北调，方言土语充斥课堂；语法不规范，说话颠三倒四，语句不完整。

不肯切——讲话模棱两可，似是而非，不得要领。

不生动——说的是"字儿话"，语言干瘪，艰涩难解。

没有条理——东一句，西一句，语意跳跃，语义杂糅。

没有感情——板着面孔讲说教式语言，不真诚，不热情，干巴巴，冷冰冰。

这样的教师语言，怎么能唤起学生的注意力？怎么能激发学生的思维呢？

从教学对象来看，中学学生对教师的语言普遍具有一种美好的期待心理。这是因为，这个时期的学生，其视、听感受性已大大增强，对周围客观事物的感受十分敏锐，常常表现为兴奋、惊奇、好思索。可是，又由于知识的不足，理性思维的难度大，常需要依靠教师用语言去解析

某些较复杂的事理；同时，这个时期学生的心理还有不稳定、多变、兴趣多向性等特点。这决定了他们对教师的语言有一种期待的心理和渴求的心态。如果教师的语言优美、动听、有意思，就会对学生产生吸引力，学生就爱听。无疑，教师规范的语言能为学生创设良好的学习情境。

同时，教师提高语言艺术修养，还是培养中学学生语言美的需要。作为人类灵魂工程师的教师，也应该是塑造社会公民语言美的工程师。对教师来说，语言本身既是"言"传，也是"身"教。教师的话直接影响、感染、熏陶着学生的心灵。在这方面，教师应当把对语言美的培养，看作是一项有着战略意义的任务。应以优美、规范的语言，影响学生、感染学生，让学生敢说话、会说话、说文明话。此外，教师的语言还是教师教学风格的重要组成部分。一个教师的教学风格，不仅体现在讲授的内容、讲授的方法上，还体现在语言个性上。要成为一个有独特教学风格的教师，其教学语言必须有个性。

二、教师语言艺术的内涵

对学生的赏识、尊重、接纳、真诚、关怀及同理心应该成为教师语言艺术的内涵。

赏识最能唤醒人的自我完善意识，尊重最能增长人的乐观情绪和信心，被称为"中国的海伦·凯勒"的周婷婷就是最好的例子。"女儿，虽然你并不完美，但在爸爸心中你是最出色的。"父亲这种完全无条件的尊重与接纳、独特的赏识教育使双耳全聋的婷婷有了快乐健康的心灵，她的成长轨迹印证了赏识教育的力量。周弘这样诠释赏识教育：赏识教育是每位家长都用过，却在无意中又遗忘了的教育；是让家长回归到教学生学说话、学走路时的心态，赏识教育让人热爱生命，善待生命。承认每一位学生虽然不完美但仍是有价值的人，并且有朝着好的方向去无限发展的可能性，这种尊重与接纳与其说是一种沟通态度，不如说应是教师的人性观。

教师应该质朴、坦诚。"对不起，是老师错了。"在恰当的时候向学生承认自己的错误或偏见，比刻意解释或掩饰更能打动学生，表达真诚的自我体验，更能拉进心与心的距离。教师的语言还应传递着对学生的关怀。有时候，教师一句不经意的话语，却可能使学生受用一生。

同理心，即了解和分享对方的看法和感受，敏锐地体会对方的思想与情绪。如果教师能暂时放弃自身的参照系统，站在学生的角度，设身处地地体察学生的思想行为，感受其内心世界，并有效地将这些感受传递给学生，学生会觉得自己得到了理解和尊重，从而产生温暖感和舒畅的满足感。这种感受可以诱发师生间充满体谅和关爱的沟通氛围。

三、教师语言艺术的魅力

有人说："语言不是蜜，但能黏住一切。"对于教师来说，掌握好语言艺术，有效地发挥它"黏"的作用，显得尤为重要。正如教育学家夸美纽斯所说："教师的嘴"就是一个源泉，从那里可以涌出知识的溪流。而这条流淌不息的"知识之流"，不但不会过时，反而更有魅力，值得再三回味。

1."激励之言"意在催人奋进

第斯多惠说："教学的艺术不在于传授的本领与知识，而在于激励、唤醒与鼓舞。"激励的方式是多种多样的，而其中言语的激励则较为普遍。综观一些名师的课堂，我们常有这样的感慨：他们的高明之处更多的是在于用满面春风的语态、饱含真情的语气、洋溢激情的语言来激发学生的情感，从而产生一种情感共鸣的语境，使学生为之所感，为之所动，以至于转化成良好的学习动机，获得理想的教学效果。的确如此，教师充满激励的语言，能让学生不断地获得走向成功的动力。例如，有位教师在评价学生的表现时说道："真是与众不同，多么富有创意的思考啊。你有一双智慧的眼睛，能发现别人发现不了的问题，真了不起！""谁来说说这个题目的意思，说错了不要紧，老师最喜欢举手的同学，因为你们是最自信的人。"……一句句激励的话语让每个学生都有了前进的动力。再比如，特级教师窦桂梅常常这样激励学生——对回答得不对的学生说："感谢你为同学们提供了思考的机会！"对积极发言的学生说："表扬你的勇气！"一句句真挚的话语让每个学生都有了学习的信心。其实面对学生，教师的话讲得得体就是感染力，讲得精彩就是影响力，讲得智慧就是催生力，讲得深情就是冲击力，所有这些"力"加起来就是一种强大的驱动力。它推动着教育学活动顺利高效地展开，也激励着每位学生积极健康地走向成功。

2．"机智之言"妙在令人叫绝

马卡连柯说："教育的技巧就在于随机应变。"这也就是我们常要求的教师应具有教育机智。教育机智就其实质而言乃是一种转化师生矛盾的艺术，是一种正确处理教与学矛盾的技巧，其要决是避其锋芒，欲扬先抑，以智取胜。表现在语言艺术上，则是直话曲说、急话缓说、硬话软说。我们知道，在平常的课堂上，学生的回答有时会与教师的意图背道而驰，这时有的教师则以"不太好，请坐！""不准确，谁再来！"等语言来否定学生的回答。这样往往会使学生丧失发言的勇气，从而渐渐丧失学习兴趣。而特级教师贾志敏则运用自己巧妙、机智的语言来纠正、鼓励学生的回答，并且注意情绪导向，做到引而不发。一次，他让学生认读"姆"字，结果一位学生站起来脱口而出："养母"的"母"。其余学生一片哗然。可贾老师微笑着示意大家安静下来："你们别急，他没说错，只是没说完！"接着又转向那位学生："你说得对，是'养母'的'母'……"这位学生在贾老师的点拨下立刻纠正道："'养母'的'母'加上一个女字旁，就是'保姆'的'姆'。"贾老师不动声色的巧妙引导，避免了学生出洋相，小心翼翼地保护了学生的心灵。学生有这样一个教师和风细雨地帮助他们纠正学习中的错误，还会担心什么呢？自然会没有任何心理负担地投入学习、争先恐后地发言了。

3．"幽默之言"趣在耐人寻味

英国学者在《幽默教学：一门表演的艺术》中指出："理想的教师应当达到艺术化的教学水平，善于利用幽默来激发学生的兴趣，使学生学得更好。"幽默能给学生带来欢笑、带来理解、带来信心；幽默是师生关系的润滑剂，教师幽默的语言不仅可以使课堂气氛更加活跃，而且可以使学生在一笑之余产生联想，推动他们领悟，使学生感受到学习的乐趣。不仅如此，幽默还可使学生充分地感受到教师的人情之美和性格优点，达到"亲其师而信其道"的目的。特级教师于永正的课堂语言是丰富多彩的，但是给我印象较深的则是他在教学《小稻秧脱险记》时的"幽默之举"——文中写到杂草被大夫用除草剂喷洒过后说："完了，我们都喘不过气来了。"有一个学生朗读这句话时声音非常洪亮。于老师笑了笑说："要么你的抗药性强，要么这除草剂是假冒伪劣商品，来，我再给你喷洒一点。"说完，于老师就鼓起气朝那位学生做了个喷洒农药的

动作，学生和听课教师都笑了，该学生也会心地耷拉着脑袋有气无力地又读了一遍这句话，这次读出了效果。这样的幽默语言调节了课堂的气氛、激发了学生的兴趣、启迪了学生的智慧，让学生在和谐愉悦的氛围中得以发展，更让课堂增加了浓浓的人文气息。这里的幽默显示的是教师的智慧，传递的是教师的关爱，承载的是生动的启示，激活的是愉悦的情感，真是令人折服，耐人寻味。

教师的语言是一种技术，更是一种艺术；教师的语言是一种知识，更是一种思想；教师的语言是一种功力，更是一种品位。语言是沟通师生心灵的桥梁，语言是联结师生情感的纽带。教师的语言艺术只有在不断积累之间，在不断锤炼之下，在不断创造之中，才能活力常现、魅力常在。

语言艺术的要求特征与构成

语言，是人与人交流的重要信息工具。它有声地再现了人的思想和智慧。因此，人在学习各种知识与技能前首先要掌握的基础本领就是语言。语言运用的本领在很大程度上是通过在学校的系统学习、正规训练逐步积累孕育而生的，最终达到运用自如、流畅、而获得这种能力的最佳途径，是在学校学习过程中教师的传授。

教师的语言艺术，被无数的人讨论和论述过，下面谈谈教师的语言艺术。

一、语言艺术的总体要求

1. 教学语言的规范化

在幅员辽阔的华夏大地上，五小六个民族中汇集着形色各异的地方文化和地方语言。语言的不通，给国人交流和生活造成了诸多不便，因此普及推广普通话工作势在必行，尤为重要。而推广普通话这项艰巨的任务，在很大程度上是要学校教师来完成的。

国家早就提出要使用普通话进行教学，这个已经不用赘述，但在课堂上仍然存在着方言教学，而且在一些地区还很严重，有的只要求语文课用普通话教学。我们知道，教师对学生的影响力是深远的。尤其是小学，

小学生往往特别崇拜教师，常常说我们老师如何如何，似乎教师的话是圣旨、是真理。并且他们处于识字阶段，不似初高中生，有了一定的语言基础和判断能力。这就要求我们在教学中尤其要注意说规范语言，讲普通话。这一点对于学生以后的工作和生活都是至关重要的。作为教师，一个必练的基本功就是说一口流畅标准的普通话，在平时人与人之间的交流中，说方言还没什么，但在课堂上，听着方言就会让人感到不舒服。准确规范的教学语言，是教师必备的一项基本功，也是一个优秀教师必须具备的素质。

2. 教学语言的立体化

教师在备课的过程中，有很大的成分是思考本节课要交代给学生哪些知识，而尤其要认真思考的是怎么样教的问题，怎么使枯燥的知识形象化、生动化、趣味化，这就要求教师对问题的表述要准确、生动、富有立体感，那些比拟的、生动的、幽默的、形象的语言在教学中所起的作用是不可估量的。作为教师，对所教的知识没有不会和不懂的担忧，但怎么样把自己会的知识，也让学生明白知晓，这就是怎样讲授的问题，而讲授的过程除必要的演示和实验外，是要靠教师的讲解的。一堂好的课，是否能引人入胜、妙趣横生，取决于教师的语言功底。我们知道，一节好课，设计教学环节非常重要，怎么温故知新，怎么承上启下，怎么讲授新课，怎么巩固延伸，怎样总结升华。这个过程，都需要教师的语言进行搭建，就如同一个曲径通幽、妙趣横生的画廊，引人入胜，这样的情境，要靠教师的语言去营造。所以，我们在讲授知识点时，就要思考用什么样的语言去讲述、怎样遣词造句，怎样一语中地，这是一节成功课的重要因素，也是优质课的标志。

3. 教师语言的"点睛"化

新一轮课改，提倡探究式学习，这个探究还是离不开教师的启发，教师画龙点睛的语言，能够指导学生的思考，把对知识的雾里看花，变成拨云见日。教师在学生的学习过程中，面对学生的各种思维，应该起到一个卫星定位仪的作用，把学生的各种各样的思维，通通指向本节课的教学目标上去。在这个过程中，教师对学生的思维要有前瞻性，也就是说，要考虑到学生的思维走向，怎么用恰当的语言把学生的思路引领到正确的轨道上来，适时、适当的提问和启发是非常必要的。在教学中

要精心设计提问，在哪个环节、哪个时刻、要提问什么、怎么提问等，都是教师在课前要认真思考和策划的。提问既不能太浅显，也不能太深奥，既是引子，又是催化剂。这就要求教师的语言要富有启发性，点睛化。

4. 教师语言的鼓励性

教师的语言还有一种，就是和学生沟通和交流的语言。我们知道，教师有两个任务，就是教书和育人，在教会学生知识的同时，要培养学生做人，课堂上的教学语言是受业解惑，而交流的语言应该是传道。教师的语言有两种表现形式，一是口头，二是形体，两种形式对学生的品质形成和行为养成都是非常重要的。教师的一句鼓励性的语言，可能会改变一个孩子的一生，学生十分看重教师的肯定，一个眼神、一个亲昵的动作、一句肯定的话语，对一个学生，尤其是一个成绩处于下游的学生，具有春风化雨的作用，对培养学生的自尊和自信十分重要。所以，我们作为教师，一定不要忘了时刻把微笑挂在脸上，把鼓励和肯定给你面前的孩子，那是他们渴望的、需要的，你的表扬和鼓励，会换来学生十二分的发奋和努力。

教师的语言修炼是无止境的，一个成功的教师，重要的标志是超强的语言表达能力，这个能力除发音准确、表述清楚明白外，就是表述得更生动形象、幽默睿智、恰到好处，这是一名教师在教学活动中，自始至终要研究的。

二、语言艺术的基本特征

1. 科学性

科学性是教师语言艺术的基本特征。这一特征是由教师的工作性质决定的。教师工作包括课堂讲授学科知识、课外组织班级活动、处理学生行为思想问题、家访与学生监护人谈话等内容。无论哪一项活动都离不开科学文化知识，因而教师语言与其他行业相比，必定是专业性、学术性较强的语言。教师在课堂上授课不必说，每一个概念、每一个定理、每一次批评或表扬，其语言的运用都必须是科学的，容不得半点含糊，更容不得谬误。

2. 针对性

针对性是教师语言艺术的第二个特征。教师的工作对象是学生，而学生是千差万别的。教师在运用语言技能技巧时，应因地因时因事而易，绝对不能干篇一律、单调重复。教师语言的针对性是指教师在讲话时针对不同对象，在不同时间、不同地点，选择不同的语言表达方式。教师语言的针对性有如下内容。

（1）针对不同时间、地点，选择不同的语言方式。

教师，尤其是班主任，经常要与学生进行个别谈话，因此谈话的时间、地点、场合，对谈话的效果影响是很大的。如果时间、地点、场合选择不好，有时谈话效果会适得其反。一般来说，能不在课上当着全班学生批评的，就不要在课上批评。下课后，找一个僻静的地方推心置腹地谈。能避开其他教师批评，就不要当着其他教师批评。可以到操场一角、花园一隅幽静之所谈，效果会更好。

（2）针对不同性质的事件，选择不同的语言方式

教师的工作内容是多方面的，上学科课时，宜语言严谨、简练，要注意语言的逻辑性，要注意语言的启发性。班会课，要注意语言的感召力、鼓动性。课下与学生聊天，要注意语言的亲切。学生犯了错误，性质严重的，教师与之谈话时，要有震慑力；学生所犯错误属无意或无关大局，教师点到就行，留有余地，让学生思考，自己改正。针对性是教师语言的一个显著特征。许多班主任语言缺乏艺术性，常常是不注意语言的针对性造成的。

3. 激励性

激励性是班主任语言的第三个特征。教师语言，尤其是班主任语言，必须具有非常强的感召力，最佳效果是：在号召时，要让学生听了之后，精神振奋、干劲倍增；在抒情时，要让学生听了，如沐春风，心旷神怡；在点拨时，要让学生低头沉思。教师语言的感召力是教师语言追求的一个较高的境界，需要长时间的修养、演练、学习。有的教师认为自己天生不善于讲话，不可能达到这样的效果。每个人的讲话先天素质是不一样的，比如：有的教师天性活泼，讲话时充满感情，具有较好的先天条件；有的教师天性腼腆，性格内向，讲话音量小，在讲话方面先天素质较弱。但是，这不是决定讲话有没有激励效果的条件。讲话声音大，并不见得有激励性；讲话声音小，并不见得没有鼓动效果。关于教师讲话的激励性，有一个最低标准，那就是在教育过程中在用词方面多用激励性

的语言，如"很好""真棒""有进步""能行""再努力一把定会取得更好的成绩"等，少用消极性的语言，如"真没用""你算完了，就这个样子了"等语言。看起来是只一句话，但有时会像一根毒刺一样深深扎在学生的心上，会挫伤学生的信心。

综上所述，科学性、针对性和激励性是教师语言的三个突出特征。这三个特征是与教师的职业特点相联系而存在的，也就是说，这三个特征必须以教师语言的教育性为基础，教师讲话必须是为学生负责任、对学生的发展有利的。

三、语言艺术的基本构成

教师语言艺术是建立思想修养和知识智力综合发展的基础上的，因而它的基础是多层次、多方面的。有人认为，教师有一张能说会道的巧嘴就够了，这显然是片面的。教师运用语言的艺术性，不是天生的，更不是仅仅凭伶牙俐齿、灵感造就的，而是在长期教育、教学实践中，有意识地学习、演练习得的。更何况，说话本身不仅是一个人的语言能力的表现，更是文化素质、道德修养及其他方面修养的综合体现。因此，作为教师，要想纯熟地掌握教师的语言艺术，必须具备坚实的思想、道德、法治、心理学、逻辑学、文学艺术等方面的基础知识。

教师的语言艺术，要求教师必须具备高度的思想修养，这是由"语言是思想的重要直接现实"的性质和教育目标，以及教师的职业特点所决定的。恩格斯说："语言和意识一样，只是由于需要，由于和他人交往的迫切需要才产生的。"有人说，"语言是人心灵的镜子，反映一个人的精神面貌"，这话说得不无道理。语言是表达思想感情的工具和形式，这个工具所操作的对象是人的思想，一个人的嘴往往泄露了他内心的思想活动，直接反映着一个人的思想修养的程度，现在我们所强调的"语言美"，并不是单纯的语言问题，而是包含着正确的思想和社会风尚，反映着一个人的思想修养的高低。一个人的思想修养就成了语言艺术的重要基础。一位教师如果具备了坚实的思想基础，他的语言艺术就能更完美，就能更充分地发挥作用。教师是人类灵魂的工程师，他所从事的事业和职业特点要求他在教育、教学过程中用完美的语言去启迪学生的心灵，用光辉的思想去引导学生做人。人们常说，有什么样思想的教师

就培养什么样的学生。教师的思想总会通过教师的教育行为,尤其是语言,对学生产生影响。

教师的思想是语言艺术的基础,教师必须加强自己的思想修养。那么,今天面对21世纪的中国教师应具有什么样的思想基础呢?我们认为,现代班主任必须认真学习党和国家的法律法规,关心国家的经济建设,关心国际大事,关心社会文化领域的动态,不断加强学习修养,不断提高自己的思想觉悟。具体内容如下。

1. 热爱祖国

这是一个被人经常说起但不见得每个人都有深刻理解的话题。班主任应该首先是一名爱国主义者,因为热爱祖国是宝贵的人类品格。对祖国的爱体现了一个人的高尚的品格。班主任应该用自己对祖国的热爱之情感染学生,把每一位学生培养成为一个爱国主义者。一个民族只有当它的儿女对她怀有深厚的感情,为了它的繁荣昌盛而奋发努力的时候,才能不断地发展、进步,这种感情应该从孩提时代就开始培养。孩子是一张白纸,应该在学校教育中为他们打上浓重的爱国主义底色,他们自己将来才能画出最好的图画。

2. 热爱学生

热爱学生是班主任的修养,更是教师这一职业所要求的最基本的感情倾向。热爱学生这一特点是优秀教师的第一共性。热爱学生是从事教师这一职业的人应该有的感情。有人说,爱不是凭空的,它因对象不同而不同。当然,我们不能强迫每一名班主任把同样"分量"、同样"质量"的爱给每一名学生,我们只是提倡班主任热爱学生。但是,作为一位班主任应该认识到,热爱学生是一种感情,同时是一种职业要求,它是可以通过教育实践培养的。

3. 学的世界观

班主任工作是培养有理想、有文化、有纪律的一代新人的崇高事业,这一事业关系到民族的命运、国家的前途。时代对班主任的要求是崇高的,民族对班主任的期望是殷切的。所以,班主任要做好本职工作,首要的是认真学习政治理论,学习党的路线、方针、政策,树立科学的世界观和人生观,以崇高的理想境界和高尚的情操来教育学生、培养学生。当你的人生观、世界观达到一个高度的时候,你会发现你的语言变得有

力和优美，语言的艺术性会更强。

4. 广博的学识

班主任工作是教师工作中最为艰巨的工作，它对班主任的要求太多，因为班主任工作涉及的领域太多。除了班主任所教学科，班主任还必须掌握心理学、社会学、文学、艺术等领域的基本知识。因为班主任不仅要教一门文化课，还要处理学生的许多令人意想不到的问题，这些问题所涉及的知识面十分烦杂，所以班主任教师必须在日常生活中注意提高自己各方面的修养，多方涉猎知识，自觉地随时随地充实自己。当你有一个广博的知识储备的时候，你会发现你的工作更加得心应手，更加游刃有余，更加卓有成效。如果我们考察一下全国优秀的班主任，会发现没有一位不是具有广博知识的"杂家"，有的不仅仅是知识的"杂家"，而且在许多领域达到了较高的造诣。例如说魏书生，他的教育思想、教育理论不仅具有很高的逻辑性，而且具有很强的文学色彩，因此具有很强的感染力量。达到这样的教育境界，实际上靠的是广泛学习。

语言能力分为理解与表达两个方面。就表达方面来说，又可分为文字表达和口头表达两个方面。教师如欲提高自己的语言表达能力（口头的和文字的），应该首先提高自己的语言理解力，因为只有深刻准确理解别人的语言，才能学习别人的语言，只有不断学习别人的语言，才能提高自己的语言能力。在我们的现实生活中，每个人都在运用汉语读书看报、谈天交流，一辈子都在说、读，但是人与人的语言能力却相差很大。有的成为语言大师，有的勉强表情达意而已，原因可能是多方面的，但是其中一个重要的原因可能是每个人对语言的理解（或者说对语言的感受）不同。人对语言的理解力的差异是人在语言交流过程中的目的差异造成的。一般人在语言交流过程中对语言的表达方法、词语的选择等不怎么注意，只注意交谈时的意思，意思明白了，交流就达到目的了。但是对于班主任来说，这远远不够。班主任应该在日常生活中做一个"语言表达方式"的敏感者，无论是读书看报，还是看电视、听广播，不仅仅要注意获取"意思"，而且还要学习"语言方式"，要通过学习别人运用语言的特点，进而进一步理解语言的含义。这种习惯是一个养成过程，正像我们在教育中对学生进行的行为习惯养成教育一样，班主任应培养自己的这种随时随地学习他人语言表达方式的习惯。

文字表达与口头表达是紧密联系的，正如叶圣陶先生所说："演说是用口的写作，写作是用笔的演说。"但就写文章和说话这两件事比较，在某种意义上说，说话比写文章更不容易。因为，一是说话应时即发，没有润色的时间，更没有反复修改的可能；二是说话不但要考虑所说的内容、对象，同时还要考虑说话的声音、语调、语气和姿态。所以，把说话称为一种艺术，一点也不过分。教师具有运用语言的技能技巧，既很容易又很困难。说它很容易，是因为每个人从一出生就生活在一定的语言环境之中，生活、学习和工作，时时处处都要运用语言；说它困难，是因为语言是一种丰富多彩、变化无穷的体系，人们借助语言所表达的思想也是复杂多样的，所以要把语言掌握得十分熟练，不经过长期的努力和磨炼是达不到的。

教师语言艺术与新课程改革

语言是人们传达信息和情感交流的主要工具。作为课堂教学，主要是运用语言的形式向学生传道、受业、解惑，语言是架起"教"与"学"的桥梁。教师的语言表达，是教学艺术最重要的组成部分，它直接影响着教学的效果。古今中外的著名教育家都很重视教师语言艺术的自觉修养。现代教学手段丰富多彩，但教学语言的地位和作用是难以被完全取代的。下面就教师语言艺术与新课程改革的关系谈点粗浅的看法和体会。

一、教师的语言对于创设民主、和谐的课堂氛围起着至关重要的作用

受传统的以教师为中心、从教师的教出发的教学观的影响，教师往往充当着课堂主体的角色。我讲你听，我管你服，要灌即灌，这就是教师与学生的关系。这种关系限制了学生主观能动性和独立创造性的发挥，压抑了学生个性的发展。人与人之间的平等有利于双方的沟通，师生之间实现平等，使教学过程从原来的单向灌输变为双向交流，有利于学生健全人格的培养。在现代课堂教学中，学生是不可替代的学习主体，教师应将每个学生都看成具有独立人格和个性发展的主体，理解、尊重学生，创造平等的民主氛围，使每个学生都在原有基础上主动发展。

新课程标准的试行，使广大教育工作者都拍手称快，但想要真正体现新课标的精神，我认为首先要建立新型的师生关系，营造民主和谐的课堂氛围。建立新型的师生关系既是新课程实施和教学改革的前提和条件，又是新课程实施和教学改革的内容和任务。新型师生关系应充分体现在师生间的尊重与民主上。而要想建立新型的师生关系，首要的就是注重教师的语言。教师该多运用"让我们一起来好吗？""请你再花点时间想想。""你说应该怎样呢？"这些商量式、平等交流式的语言，代替"老师要考考你。""再给你三分钟时间想一想。""你来回答这个问题。""你要这样做。""你那样子学习不行。"这些居高临下的语言；用富有感情色彩的语言，如"同学们，今天我们一起来学习课文。""没关系，你大胆讲。""你的看法很独特，比老师的还要好。""你分析得头头是道。""你想一想，肯定会说好的。"代替生硬冰冷的语言，如"今天，老师教你们课文。""你要认真想才行。""你反应真慢。"教师在课堂上所说的平等而富有感情的话语，是学生的阳光，是课堂的生命。只有这样，学生才能从低头不语、愁眉苦脸转向满脸轻松、兴高采烈，才能营造民主、平等、和谐、宽松的学习氛围。

或许教师鼓励、赞扬成绩好的学生很容易做到，但对于学习成绩不理想、胆子小的学生就不容易了。过去，教师往往"有错必纠""有错即惩"，遇到功课不好或不用功的学生就批评、指责一番。难道这就是所谓的严格要求学生吗？不，这样只会拉远师生之间的距离，造成师生关系紧张，使学生在课堂上有话不敢说、有问题不敢提。长此以往，学生就会精神紧张，情绪低落，自尊心受到打击，失去学习的信心。在这样的心理状态下，学习和记忆效果就差，学生变得唯教师是从，样样照着教师说的去办，学生的思维受到束缚，创造力被扼杀。更有甚者，学生渐渐习惯教师的批评惩罚，产生逆反心理，以后教师的话一句也听不进了。我们这里说的民主平等是师生间的民主平等，更是教师对每一个学生的民主平等。教师应欣赏每个学生，理解每个学生，让每个学生都感受到教师对自己的尊重，感受到教师对自己学习方法、学习能力、学习效果的肯定。其实，学习成绩不理想、胆子小的学生更需要教师的热情支持和鼓励。

在课堂上，教师应该注重语言，不要说一些有损学生尊严、人格的话语。教师要克服自己在平时的教育教学工作中的习惯性语言，力避使用一些刺激性的、负面性的词汇，创设民主的课堂氛围。把激励、信任带进课堂，让学生感受到被尊重、受赞赏，使学生在平等、和谐的气氛中，打破束缚，展现自我，增强学习的创新意识。给学生创造一个宽松平等的学习环境，让学生在民主的氛围中学习，变"苦学"为"乐学"，变"教师让我学"为"我要学"，让学生带着信心和勇气主动地投入自主性学习活动。

二、教师的语言对保持学生积极舒畅的学习心境、激发学生的学习兴趣起着至关重要的作用

"说话"其实是一门很大的艺术。明明是同样的内容，可是却由于表达方式的不同，给予对方的感受也有所不同。师生情感交流运用最多的便是语言。教师的话可以像一股清泉流入学生心田，也可能像一把利剑刺入学生心中。因此，教师应该时刻注意自己的语言带给学生的将是什么。教师在教育教学过程中如何选择语言表达方式，反映着教师的能力水平。请看一个例子：

学生迟到，低着头默默地站在教室门口。

教师：看看表都几点了，还来上学干吗，还不如在家养着呢！

学生：老师，公共汽车半路坏了，我是跑着来上学的。

教师：公共汽车坏了，别人坐的车怎么不坏，单单你坐的坏？我看你还是跑着回家吧！

再看同样的事情，不同的处理方式：

教师看到学生气喘吁吁地走进教室，问：看满头大汗，出了什么事？

学生：半路上公共汽车坏了，没办法，我是跑来学校的。

教师：为了学习，为了班级荣誉，你能跑着来上学，这种精神非常好。希望你在各方面都像这样严格要求自己。

同样一件学生迟到的事，不同的处理方法，会得到不同的教育效果。第一位教师，站在学生的对立立场，对学生讽刺、挖苦。学生的自尊心受到打击，心里已经和老师对立起来。把错误直接指出来，反而会扼杀学生的学习兴趣、阻碍学生的成长。第二位教师，有一颗爱护学生的心，站在学生的立场，说出的话让学生感到温暖。这样的做法并不代表教师对学生所犯错误进行袒护、放纵，而是把尊重、信任、理解留给学生，

让学生从迟到的尴尬中走出来，恢复师生之间的正常交流，还学生一份尊重、信任和理解。

一句鼓励的话语是爱的传递和情感的动员，能给学生自信，激起学生强烈的学习兴趣和参与愿望。而兴趣是学生获得知识、掌握技能的推动力。兴趣是最好的老师。有一次，我讲《两只小狮子》一课时提了个问题："你愿意和哪只小狮子交朋友，为什么？"这时候，我看到班上一个非常胆小内向的女生几次尝试举起手。当我望向她时，她赶紧又把手缩回去了。我高兴地点了她的名字。她站起来，不敢说一句话。"老师真为你感到高兴，今天你能勇敢地站起来了，要是你能把自己的想法告诉大家，让大家和你一起分享快乐，那就更好了。"没想到，她滔滔不绝地说："老师，我愿意跟懒狮子交朋友。"这时，全班同学都用诧异的眼光望着她。"我要跟懒狮子一起玩，我要让自己的勤快改变懒狮子，使他成为真正的狮子。"此时，全班响起了热烈的掌声。这仅仅是一个课堂的小插曲，但是它却奏响了学生的兴趣、信心和勇气。以后，课堂上总能见到她那高举着的手。教师的一句鼓励的话，激发了学生学习的兴趣，使学生学习更主动、更爱思考、更爱提问、更善于表现。因而，教师应该多鼓励、少指责，多进行正面指导、少板起面孔训人，让学生在学习上有兴趣、有奔头。

教学艺术的本质不在于传授，而在于激励、唤醒和鼓舞。激励性的语言能使学生保持积极舒畅的学习心境，唤起学生的学习热情与兴趣，从而产生不可低估的力量。对学生来说，一句赞扬的话比小句责骂更有效。教师坚持对学生的优点、努力、进步、成绩进行肯定与表扬，是学生前进的不竭动力，也是教学的有效方法。当然教师也不可一味投其所好，高帽子满天飞，无原则地表扬，这不但不能激起被表扬者心中的波澜，还会引起未被表扬者的反感，所以教师要认准时机，善于表扬，深谙表扬的艺术。

三、教师的语言对挖掘学生自身的创造潜能、唤起学生的创新意识和创新精神也起着至关重要的作用

长期以来，社会期待教师在处理师生关系时，把家庭中的父子关系作为参照框架（所谓"师徒如父子"）。要求教师对学生严加管束，而学生必须对教师绝对服从。在整个教学过程中，主要关心教师的教，忽

视学生的学；重视知识的传递；忽视学生学习过程中的非智力因素，等等。课堂上，教师期望的是学生按教案设想做出回答，教师的任务就是努力引导学生，直至得出预定的答案。学生在教学中实际上扮演着配合教师完成教案的角色。这种传统的教学观念对师生的影响是根深蒂固的，它严重扼杀了学生创新思维的发展。而新课程改革注重学生的创新思维。新课程改革指出，真正的教学不再是教师带着教材走向学生，也不是教师带着学生走向教材，而是学生带着教材走向教师、走向社会、走向生活。事实上，教学实践也越来越多地证明：在教学过程中，学生并不是被动的接纳者，学生本身就是鲜活的生命个体，他们所具有的主体能动性及丰富的创造潜力使他们在课堂中展现出令人敬重与钦佩的活力。而正是这种富有生机的活力，才使得进行中的课堂连续不断地生成新的发现、新的感受、新的收获、新的经验。

1. 教师语言有利于促进学生发散性思维的发展

教师应要求学生在思维的过程中突破原来的知识框架，多说"春雨除了是绿色的、黄色的、红色的，还是什么颜色的？""如果旁边没有石子，乌鸦怎样才能喝到瓶子里的水呢？"这些类似的话，充分发挥学生的想象力，从一点向四面八方散开，找出更多的可能答案，允许学生标新立异和异想天开，帮助学生打破思维定式，形成创新性思维方式。

2. 教师的适时点拨有利于培养学生创新性思维的发展

教师可用"为什么？""说具体些好吗？""你是怎么发现的？"这样的追问让学生展示思维过程，使更多的学生"豁然开朗"，受到启示，得到裨益。

3. 鼓励学生求异思维和首创精神

教师应多鼓励学生质疑问难，努力挖掘学生自身的创造潜能，培养学生的创新意识和创新精神，并创造条件使学生经常体验到创造的乐趣，形成独特的创造力。多说"谁能想出和别人不一样的方法？""你还有什么好的建议呢？""再用其他方法试一试。"等鼓励学生去探索选择，发现新途径，而不满足于获得现成的答案，不停留在已经明白的事物上，使学生能创新性地学习，能创造性地运用所学到的内容去适应新的情况、探索新的问题，使自己的视野不断拓宽。

让我们广大的教育工作者用崭新的教学语言面对新课程，走进新课程。

第二章

教学语言艺术

课堂导语艺术

课堂导语有很多种叫法，有时候也叫"课引子"或者叫"开场白"。俗话说"良好的开端是成功的一半"，叶圣陶老先生曾经讲过：教学"尤宜致力开导"，这个"导"字，就有引起学生兴趣、激发学生求知欲望的含义。一堂课有一个好的开头，可以使学生从一开始便能带着较浓厚的学习兴趣、较强烈的探究心理，投入新课的学习，从而提高课堂教学效率。

一、课堂导语的分类及原则

课堂导语的设计多种多样，大体可分为两大类：一是以知识导入，二是以情趣导入。以知识导入的导语，或联系旧知，进行对比，激发学生思维的"热点"；或开宗明义，直接提示本课的学习要求，让学生在"先人为主"的基础上逐步深入新课文的学习中。以情趣导入的导语，或通过设置悬念来吸引学生的注意力，激发学习热情；或联系学生的生活实际，通过教师充满激情的语言，将学生带入新课文的情境当中，从而全身心地投入新课的学习中；或通过播放音乐、朗读录音等方法引起学生感情上的共鸣，从而带着饱满的情绪进入新课文的学习；或通过游戏、猜谜、观赏图片、幻灯片等，激发学生学习的热情。但无论是哪一类的设计，都应遵循以下几条原则。

首先，课堂教学导语设计要有针对性，要注意贴近学生。在讲课伊始，教师就应用最少的话语、最短的时间。迅速缩短学生与教师之间的距离和学生与教材之间的距离，将学生的注意力集中到听课上来。

其次，课堂教学的导语设计要有关联性，要注意承上启下，温故知新。导语设计如同桥梁，联系着旧课和新课；如同序幕，预示着后面的高潮和结局。所以课堂导入的语言贵在方法之妙，而不在数量之多，否则就是喧宾夺主，画蛇添足。

第三，导语设计要注意导情引思，要具有直观性、启发性和趣味性。导语的功能要表现在激发学生的认知兴趣和积极情感，启发和引导学生的思维，让学生在最短的时间内进入课堂教学的最佳状态。

第四，课堂导语的时间一般在3分钟左右，不要超过5分钟。

二、导语设计的几种形式

1. 设置悬念型

例如：一位教师在教学《落花生》一课时，设计了一个"设置悬念"的导语。

师：今天我们学习《落花生》这篇课文，这篇文章的作者是现代著名作家许地山，《落花生》这篇文章是他的代表作。从这篇文章发表之后，许地山就以"落花生"为笔名发表过许多文章。他后来为什么要以"落花生"为笔名呢？学完这篇课文，我们就全明白了。

学习贵在能在学习中发现问题，并且发现问题后，能够通过自己的努力去解决问题。教师抓住学生爱探个究竟的心理来设计导语，一下子就让学生产生了浓厚的兴趣，对学生理解文章的主题也起到了铺垫作用。

2. 谜语导入型

兴趣是最好的老师。学生对猜谜语往往是很感兴趣的，教师从学生感兴趣的事物入手，可以迅速把学生的注意力吸引过来。

3. 歌曲导入型

例如：特级教师孙双金在执教《林冲棒打洪教头》一课时采用了歌曲导入型的导语。上课刚开始，教师播放电视剧《水浒传》中的《好汉歌》。雄壮、豪迈的歌声在教室里回荡。歌曲结束，师生进行交流。

师：同学们，谁知道刚才听的是什么歌？

生（齐答）：《好汉歌》。

师：好听吗？

生（齐答）：好听。

师：你最喜欢《水浒传》里的哪一位好汉？

生：我最喜欢神勇冠英的武松。

生：我最喜欢鲁智深。

师：噢，你最喜欢花和尚鲁智深。

生：我喜欢《水浒传》里的林冲。

生：我最喜欢九纹龙史进。

师：《水浒传》里面一共给我们塑造了多少位好汉的形象？一起说。

生（齐答）：108 位。

师：你知道什么样的人叫好汉吗？

生：勇敢的人。

生：重情义的人。

生：有正义感的人。

生：爱打抱不平的人。

生：仗义疏财的人。

生：路见不平，拔刀相助的人

师：讲得真好。听了同学们的回答，我非常喜欢你们。你们看了好多的课外书，尤其是《水浒传》，是不是？

生（齐答）：是。

师：刚才同学们讲了好汉的许多特点，今天我们就重点来研究一下《水浒传》里面 108 将中第一位出场的好汉。他是谁？

生（齐答）：林冲。

师：板书课题（一笔一画，苍劲有力）。一起把题目读一读。

4. 故事导入型

教师在开讲时，复述文中某一精彩片段，着力凸显人物形象或情节的曲折精妙，可以吸引学生的兴趣。看一个案例。

我们读过《惊弓之鸟》的故事，还记得故事中的更赢吗？他不仅是射箭能手，更有敏锐的观察能力和判断能力。今天，我们再去认识两位古代著名的射箭能手，他们是谁呢？箭法又如何呢？

飞卫是一名射箭能手。有个叫纪昌的人，想学习射箭，就去向飞卫请教。

后来，纪昌成了百发百中的射箭能手。

读句子：说说从句子中，你了解到了什么？还想了解什么？（学生可能说：知道飞卫和纪昌都是射箭能手；知道纪昌是飞卫的徒弟，并且他能百发百中。可能提出这样的疑问：飞卫是怎样教纪昌的，使他成了百发百中的射箭能手？）

要想解开心中的疑问，我们就来读寓言故事《纪昌学射》，我想，你不仅会从故事中找到答案，还会得到有益的启示。

自读自悟，完成以下要求。

①读准字音，把课文读正确。

②想想课文写了一件什么事？为心中的疑问找到答案。

③思考：你有什么问题想跟大家探讨？你得到了什么启示？

交流讨论，有感情地朗读课文

①指名读课文，注意指导学生读正确字词句。

②汇报纪昌怎样学射的，指导学生说文章的主要内容。

纪昌想学习射箭，向飞卫请教。飞卫让他练眼力，先练眼睛盯着一个目标，一眨不眨，后练把极小的东西，看成一件很大的东西，纪昌都照做了后，飞卫才开始教他开弓、放箭。后来，纪昌成了百发百中的射箭能手。

③讨论疑问和交流启示。

学生可能提出以下疑问：飞卫为什么先让纪昌练眼力，而不先教他开弓放箭？根据学生的交流，教师可适时引导，让学生从多角度体会故事的寓意。

a 假如纪昌不先练眼力，他会百发百中吗？

小结：纪昌学射的故事，告诉我们学任何本领，都要有扎实的基本功。要想掌握射箭本领，就要先练眼力；要想掌握骑车本领，就要……；要想掌握滑冰本领，就要……；要想掌握操作电脑本领，就要……；要想掌握……，就要……。你能举例说一说吗？

b. 假如纪昌没跟飞卫学射，而跟一个普通箭手学射，会成为射箭能手吗？

c. 出示句子，让学生有感情朗读，并说说有什么体会。

纪昌回家之后，就开始练习起来。妻子织布的时候，他躺在织布机下面，睁大眼睛，注视着梭子来回穿梭。

纪昌记住了飞卫的话。回到家里，又开始练习起来。他用一根长头发，绑住一只虱子，把它吊在窗口。然后每天站在虱子旁边，聚精会神地盯着它。

小结：看来，对学习来说，好老师的指导和自己的努力都起着很大的作用。

5. 谈话交流型

例如：特级教师徐善俊执教《黄鹤楼送别》

23

师：同学们都了解我哪些情况？

生：你是个校长。

师：少了一个最关键的字，"副"。

生：听说你是江苏人。（江苏徐州人）

生：你现在在上海教书。（不，我是为人家打工）

生：你姓徐。（对，我是徐州人，所以姓徐）

师：我的名字叫徐善俊，既善良又英俊。这是爷爷对我的殷切期望，可惜我辜负了爷爷，少了其中的一个字"俊"，说我"俊"，这是同学们对老师的尊敬。

师：现在感觉我这老头怎么样？

生：我感觉你平易近人。

生：你是一个和蔼的老师。

生：看得出来你很善良。

生：我希望你能长得英俊一些。

师：我们是不是已经成为朋友了，（是）那好，我们开始上课。

语文是母语的教育，它无处不在，无时不有。应该说，语文的外延与生活的外延相等。徐老师在教学伊始，并不急于出示教学的内容，而是与学生说起了自己，引领学生进行了一次很好的语言交际活动。在这样的言语交际中，师生成了共同的信息收集者，学生利用观察和想象收集的是老师的种种，而教师则通过交流、分析收集到学生的语文素养，这就是我们通常所说的"备备学生"（备教材、备学生）。在这样的言语交际中，语言文字表达的准确性再次凸显与张扬。例如："少了一个最关键的字'副'""是江苏徐州人""不，我是个打工的"等，这不仅仅在于获得某个准确的答案，更重要的是使学生的口语水平得到锻炼与提升，且有利于学生语言能力的发展。在这样的言语交际中，师生是平等的对话者，教师与学生之间的距离在迅速缩小，初次相见的陌生感在消退，取而代之的是亲切、平和。

6.创设情境型

陈得实老师曾经上过一次作文教学观摩课。上课铃响了，学生和来听课的老师都静静地等着陈老师来上课，可教室门外并不见陈老师的人影！一分钟过去了，安静的教室里开始有了骚动，同学们为陈老师担心

起来；两分钟过去了，来听课的老师也小声议论起来，班长等不及了，站起来要冲出教室找陈老师。就在这时，陈老师急匆匆走进教室。他说："对不起，让大家久等了。我们今天的作文题目就是《当老师迟到的时候》。"

再如：一位杨老师在讲《转述》时，课前邀请一位张老师客串表演，达成默契，然后巧设了一个情景。

（张老师走进教室）

杨：张老师，您有事吗？

张：杨老师，打扰您了，请问李老师（本班数学教师）在吗？

杨：她现在不在这儿，您找她有什么事吗？

张：我刚从教育局回来，教研室主任让我通知她，明天下午 2 点请她去教研室开会，地点在二号楼会议室。请您一定要转告她，谢谢！（张老师退出）

杨：通知李老师开会这件事很重要。同学们，我们得帮她记牢，等李老师来了，转述给她听。

7. 实验演示型

如：著名教育家陶行知有一次在武汉大学做报告，上台时夹着一只活蹦乱跳的大公鸡，下面的听众都一下子愣住了。可陶先生却从容不迫地喂起鸡来。他掏出一把米，先按着鸡的头逼它吃米，鸡只叫不吃。他又掰开鸡嘴，把米粒硬塞进去，鸡挣扎着仍不肯吃。接着，他轻轻松开手，把鸡放在地上，自己后退几步，那大公鸡便从容地低头吃起米来。正当听众看得出神时，陶先生说："我认为，教育就跟喂鸡一样，先生强迫学生去学习，把知识硬灌给他，他是不情愿学的。即使学，也是食而不化，过不了多久，他还会把知识还给先生的。但是，如果让他自由地学习，充分发挥他们的主观能动性，那效果一定会好得多！"陶先生巧妙地借助喂鸡的演示，阐明了他的教育主张，把深刻、抽象的教育原理讲得十分具体、生动、形象，听众听得高兴，听得明白，留下的印象也十分深刻。

除以上几种形式外，导语还有开宗明义型，实物、图片、幻灯片导入型，等等。

课堂教学中开讲导语设计的注意事项必须指出，导语设计和运用，一定要结合教学内容等多方面的客观条件，具体问题具体分析。设计得好，会收到意想不到的好效果，反之，则会事与愿违，甚至令人啼笑皆非。

因此，教师在设计和运用课堂导语时，应注意以下一些问题。

1. 忌重知轻能

只考虑认知因素和情感因素，而对意志因素、能力因素有所忽视。

2. 忌冗长拖沓

40分钟的课堂教学，导语仅仅是一堂课的引子，不是教学内容的讲述。所以导语设计不易占用过多的时间，一般以3分钟左右为易。

3. 忌平淡刻板

作为导语，应新颖别致、生动活泼，富有趣味性，避免平铺直叙。因为平淡刻板，往往会使学生失去兴趣，从而影响教学效果。

4. 忌牵强附会

导语的宗旨是导入新课、提高教学效果，因此在设计和运用导语时一定要自然，要符合学生的心理特点和课堂教学内容，不能为导语而导语，更不能在导语中信口开河，胡编乱造，愚弄学生，分散学生的注意力。

5. 忌演独角戏

课堂教学是师生的共同活动，教师应设法用导语充分调动学生学习的积极性和主动性，让师生的感情在上课开始就得到交融，千万不能只管自己在台上唱独角戏而不顾学生的情绪。"转轴拨弦三两声，未成曲调先有情。"一个好的开头是师生间建立感情的第一座桥梁，它既能引起学生的兴趣，又能激发学生的求知欲，为整节课的学习打下良好的开端，使整个教学活动进行得生动、活泼、自然。于漪老师说过："在课堂教学中，要培养激发学生的兴趣，首先应抓住导入课文的环节，一开课就要把学生牢牢地吸引住。一堂课的开始好比提琴家上弦，歌唱家定调，第一个音定准了，就为演奏和歌唱奠定了基础。上课也是如此，第一锤就应敲在学生的心灵上，像磁石一样把学生牢牢地吸引住。"所以作为教师，一定要掌握课堂导入的艺术。

课堂讲授艺术

课堂讲授艺术，这里主要指讲授概念、原理艺术，是指教师用精确的语言，向学生阐释、说明、分析、论证概念、原理，揭示事物的本质特征。从而使学生把握概念、原理的本质属性及其基本特征的一种教学艺术。

一、课堂教学讲授的含义与特征

1.讲授的含义

讲授法是深受我国教师和学生喜爱和推崇的一种方法，是教师通过口头语言向学生系统讲授有关知识和技能的一种教学方法。它要求教师能够充分了解学科的特点，把握学科的科学性和思想性，掌握学科的规律性，了解学生的心理特征，用科学的方法和手段将知识传授给学生。

2.讲授的特征

（1）讲授法的特征

讲授法之所以在教学历史长河中始终保持着主导地位，是因为其自身独有的特征。

①教师是讲授的主体，是教学活动的主导者，在教学活动中居于主体地位。

②学生是知识的接受者，通过教师的讲授来学习教材内容。

③口头语言是教师传授知识的基本工具，教师传授知识以口头语言为主，不受条件设备的限制。

④教师在讲授过程中运用多种教学方式，既有利于学生对教材内容的理解，又有利于发展学生的智力，充分发挥教师的主导地位。

⑤针对学生的整体水平和一般心理特点进行教学，知识容量大，效率高。

传统的讲授方法往往以教师为中心，忽视了学生的主体地位，教师是知识的传播者，学生只是知识的被动接受者。新课改后，随着对教学的重新定位，人们从片面的"讲授法"的观念中解脱出来。结合新课改的教育理念和体验，我们赋予讲授法全新的内涵和更加丰富多彩的特性。

①讲授法的新特征体现在教师不仅是知识的传授者，还是指挥者。教师针对学生的心理特点深入研究教学内容，将教学内容与学生的心理特征相结合，鼓励学生发现问题，提出问题。

②新课改要求教学由专制化走向民主化，由封闭型走向开放型。学生不仅是知识的接受者，也是知识的创造者。美国著名创造家托兰斯曾经提出"内容不完全讲授法"，即教师在讲授过程中不应将内容毫无保留地讲给学生，而应该把某些问题留给学生，让学生在独立思考和创造

中学习知识和技能，这种观念也是对学生主体性地位的体现。

③口头语言仍是教师传授知识的基本方式。除此之外，教师充分利用信息化社会带给人们的便利，利用教学多媒体，等等引导学生参与到课堂当中，激发学生的学习兴趣，将新课程所倡导的新的教学观和新的科学技术融为一体，使课堂更有吸引力。

（2）讲授的优点与缺点

讲授法作为一种古老的教学方法至今已经拥有两千多年的历史，讲授法从诞生之日起一直受到人们的争议，很多人都把讲授法和"满堂灌"或者"填鸭式"的教学方法相提并论。然而无论面对怎样的责难，讲授法作为一种传统的教学方法和最基本的教学组织形式，千年以来一直以其独特的魅力活跃在教学领域当中。实际上，讲授法得以盛行和活跃的原因并不是因为其自身的悠久历史，而是因为讲授法自身独有的科学性。

第一，讲授法可以使学生能够迅速领会教师所要传授的教学内容。教师结合学生的学习特点经过精心策划，将知识的重点、难点剖析后展现在学生面前，使学生能够对学习的内容"心领神会"。

第二，讲授法可以使师生得到情感的交流、思想和行为上的互动。教师和学生可以通过讲授法进行知识上的质疑和解答，教师也可以通过和学生的接触、交流，对学生心理特点有进一步了解，使师生关系得到巩固和加深。

第三，从学校的角度考虑，讲授法可以减少学校的经济投入，扩大教学范围。在我国，尤其是中小学常采取大班授课制，这样既可以减少小班授课所需要的人力物力，又可以使教学同步进行。

第四，讲授法可以迅速更新知识内容，尽快迎合时代前进的步伐。现代社会科技文化发展迅猛，信息流通量较大，单纯依靠已有的书本知识往往会给学生造成"落后的知识观"。因而，讲授可以弥补书本知识更新速度慢、内容涵盖有限的缺点，使教师和教材相辅相成，使知识传授日臻完善。

另外，传统的讲授方法仍然有很多不足之处。

第一，传统的讲授方法是教师一味地讲，学生一味地听，大大降低了学生参与课堂的积极性，阻碍了学生创造力的发挥。

第二，传统教学往往不能使教师真正发挥传道、受业、解惑的作用。

由于讲授的对象人数较多，师生之间缺乏单独的交流机会，学生不能给教师正确全面的知识掌握情况的反馈，使教师难以"对症下药"。

第三，讲授时间过长，讲授内容过多，会加重学生的思想负担，甚至使学生产生逆反心理。由于讲授往往以教师为主，学生独立思考的能力受到削弱，加上学生之间智力和心理发展的不平衡性，许多差生跟不上老师的步伐，日积月累，就会形成厌学的心理。

新的课程改革纲要执行后，虽然新课程体系在各个方面较原来的都有了创新和突破，但反映到教师身上，讲授法仍有一些不足之处。

第一，由于课堂的开放性与灵活性，教师不能像以前那样按部就班地授课，因此，许多教师在即将下课时才讲到关键内容，使课程内容无法圆满结束；而有的教师在短短的时间内就完成了教学任务，其他的教学时间不知如何支配。

第二，仍有一部分教师在讲授过程中放不下尊严和架子，居高临下，不能和学生真正成为朋友，没有达到讲授的预期效果。

第三，对于课程内容，教师不能把握哪部分应少讲，哪部分应多让学生想，不能帮助学生正确地构建知识结构。

作为教育工作者，我们应对讲授法进行全面的了解和把握，以发展的、辩证的眼光来看待讲授法，使讲授法随着我国科学技术的进步在教育领域中不断完善，促进我国教育事业的蓬勃发展。

二、课堂讲授的基本要求

课堂讲授艺术，这里主要指讲授概念、原理艺术，是指教师用精确的语言，向学生阐释、说明、分析、论证概念、原理，揭示事物的本质特征，从而使学生把握概念、原理的本质属性及其基本特征的一种教学艺术。课堂讲授语言的具体要求有以下几点。

1.语言简洁，个性突出，具有直观性

（1）寻找语言的吻合口径。谈话看对象，语言才能更好地被理解。语言是为了使学生更好地理解和掌握教材语言，因此，在语言形式、语言习惯等方面，必须与学生的接受口径吻合。解决吻合问题，一是要考虑所教学生的年龄特征、知识层次和认识能力；二是要考虑课程的性质和具体内容。

（2）对教材内容进行增、减、删、改。即增加一些在教学过程中有利于学生理解而教材中没有的语言。减少学生听腻了的熟语，删去与主旨内容不是很密切的解释性语言，改换学生必须掌握而又较难理解的语言。

（3）精选例证，使语言简约化、形象化。讲授中的例证可帮助学生突破难点，化解疑问，顺利掌握基本原理。

（4）形成教案语言。经过一系列的思考、揣摩、加工组合以后，教师用简洁明了的文字表述出来，就是教案。

教案语言与教材语言有明显的不同。第一，增加了引语和过渡语以及结语。第二，有了自问自答的对话语言形式。第三，有了重要部分的分析与论述。教案语言在数量上大大简约，形式上更加有序，语言更具可接受性，同时带上了教师的个性特点。

由教案语言向教学语言转化。教案语言只是教师讲课的基本思路和线索，在实际教学活动中，教师还要根据课堂教学的实际状况和教学对象的理解接受程度，随时调整语言的难易、速度、繁简、停顿、重复等，以保证语言的有效性。

准备反馈，及时调整，保证语言信息交流的畅通。反馈调整的具体做法是根据学生答问与表情流露，确定学生的理解程度，然后调整语言的难易。其次，根据教学内容和性质以及学生笔记的速度，调整语言速度。在讲定义、概念、公式、结论时，教师的语言速度要放慢，必要时重复叙述，需要学生记录的部分还需要根据学生的笔记速度进行适应性调整。再有，力争将科学语言变为与学生相适应的生活语言和学生语言。

把握适当的"度"，保证教学语言的有效性。教学语言的运用，在简与繁、多与少、深与浅，快与慢、高与低等方面，都会出现"过"或"不及"，都需要找到"最佳度"。

运用多种语言形式，提高教学语言的效果。这里指的是教师的言语活动、非言语活动以及借助其他媒体的一切传输信息的方式。

2. 科学准确，真实可信，具有说服力

思想政治课要解决学生对本学科知识由知——信——行的转化问题，较之其他学科更复杂和艰难。因此，教师的讲课更要力求科学、准确、真实、全面，注意以科学的力量征服学生，使学生心悦诚服地接受。具体如下。

（1）讲课内容要科学真实。教师在讲课中所讲到的基本概念、基本原理、基本事实以及与它们相应的艺术训练材料、思想教育材料，都应

是经过实践检验过的，具有科学性和真实感。科学和真实，是思想政治教育的重要特征，也是提高思想政治课可信度的基石。只有讲授内容科学真实，才能使学生相信并践行，起到教育人、感染人的作用。反之，如果教师在课堂上讲的都是大话、空话、假话，传授的知识严重脱离实际，错误不断，那很难取得好的教学效果。

（2）讲课方法要科学恰当。讲课方法并无固定模式，但总的来讲，要符合启发式的教学思想和原则，能充分调动学生思维的积极性。引导学生积极主动地学习；同时，方法的选用要符合教学内容的要求、贴近学生的实际和教师本身的特点等。

（3）讲课语言要规范准确。讲课语言是用来向学生传授知识、进行思想教育的，必须符合语法规范和逻辑要求，表达准确，条理清晰，并且要使用本学科的专业术语和教学用语。

3. 设疑激趣，引发思维，具有启发性

学生学习的内动力来源于学习动机。激发学生的主体意识和学习动机，提高学生学习的自觉性与主动性，乃是学生学习好的根本因素。因此，教师讲课应坚决贯彻启发式，反对注入式。对知识和问题的讲授要能激发学生的学习兴趣、学习热情和求知欲望，能启发学生思考，引起学生的联想。当然，启发的方式有很多，教师在讲课中可根据实际需要灵活运用，但设疑可谓激发学生兴趣、启发学生思维的最有效手段。教师设置一定的疑难问题，可极大地调动学生思维的积极性和主动性，使学生边听课、边思考，寻求问题的答案。

4. 感情充沛，情理交融，富有教育性思想政治课教学永远具有教育性

在知识教学的同时，对学生进行思想教育，使知识性与教育性相结合，这是教学过程的内在规律。因此，教师在讲课中要努力挖掘教材中的思想教育因素，使知识教学与思想教育融为一体，体现出教育性的特征。要做好这一点，教师在讲课中必须注重情感的投入。情感是一种无声的语言，对学生有很强的感染作用。教师讲课时充满情感，必须凝结着对教育事业的热爱和对教材的深刻体会，饱含着对学生的殷切希望，有利于创造和谐的教学气氛，使学生真切感受到教师的关心与期望，受到潜移默化的熏陶和感染，从而不仅全面准确地掌握知识，也受到思想教育和感情上的培养。

5.形象直观，生动有趣，富有感染力

生动和形象是教师讲课的最基本要求之一。在讲课中，教师要注意用生动的语言、形象的教具、多样的教学手段、科学的教学方法等来展示教学内容，使教学内容更为具体化、形象化，也使学生在听课时有如临其境、如见其人、如闻其声的真切感受，从而激发学生的联想，启发学生的思维，提高课堂效率。

6.时间巧配，难度巧定，具有协调性

每堂课的时间有限，教师必须对讲课的时间进行合理调配，讲究时间效益，中学一节课一般为45分钟,每位教师在进行课堂教学总体设计时。也要对时间进行合理分配，把45分钟化解到各个教学环节中去。但这种化解并不一定完全有效，在实际教学过程中，由于各种原因，有的教学环节可能超出或用不完预先分配的时间，因而教师要随教学进程的发展，对时间做灵活调剂和安排，以保证教学任务的顺利完成。教师讲课也要合理掌握教学的难度。

构成教学难度的因素主要有两个：教学内容的广度和深度。

教师讲课要有一定的深度，这样学生才会有兴趣，才能使学生对学科知识和社会经济、政治现象有较深刻的理解；但也不能搞得高深莫测，过于深奥，学生接受不了，必然望而生畏，失去信心。

教师讲课也要有一定广度，使学生能开阔视野，增长见识；但也不能宽而无边，否则，学生会吃不消，嚼不烂，影响听课情绪。因此，教师讲课中要根据学生实际，做到讲课内容深浅有度、广窄有边，并综合这两方面因素，通过对它们的合理调控来把握教学的难度，以充分调动学生的学习兴趣，产生好的教学效果。

三、课堂讲授的方法

1.具体—抽象法

也叫归纳法，指教师引导学生从概念和原理所反映的事物及事物相互关系的各种具体形式出发，从个别到一般抽出它们的共性，从而把握概念、原理的内容与本质的一种教学方法。具体案例如下。

讲哲学上的"物质"概念，具体步骤可如下。

由于概念抽象，学生学习深感困难，因此，教师在新课教学过程中

要多加启发和点拨。首先是难点的分散，教学中要把概念的内涵、外延直到单位等概念分散开来，形成一个个小专题。比如"乘法运算"一章，"乘法运算"概念较笼统、抽象可以分割成口算乘法、一个因数是一位数的乘法、二三位数乘一位数的乘法等部分分别进行教学。这样，学生在理解上便可适当减小困难。

另外，设喻是帮助学生降低理解难度的一个重要手段，它可以使抽象变得具体，像加法可以看作是我们在不停地吃东西，减法好比汽车停下来人们从车上下来等。

2. 解剖分析法

它指教师根据概念、原理内部结构的成分、特性和内在逻辑关系，把它们分解为若干个点层，逐点逐层分析，逐步揭示概念、原理的内容与实质，从而帮助学生达到完整理解和掌握概念、原理的一种教学方法。

3. 演绎法和变换提示法

演绎法，指教师从学生已知的一般概念和原理出发，引导学生运用这个一般概念和原理去认识同其有内在联系的具体概念和原理，从而获得理解这个具体概念和原理的一种教学方法。简单说，就是从一般到个别的教学方法。

变换提示法，指教师根据概念和原理的内容与特点，从不同角度、层次和内在逻辑关系向学生发问或暗示，激起学生积极思考，从而引导学生科学、完整地理解掌握概念、原理的一种教学方法。

讲授概念、原理，除以上方法外，还有比较讲析法、特征解析法、引经据典法等，对概念讲授还可采用下定义法、句子成分分析法等。教师在实践中还可根据自己的经验，创造出多种多样的行之有效的具体教学方法。

4. 举例说明法

它是指教师通过描述、分析、说明具体生动的事例，达到揭示概念、原理的本质属性及其特征的一种教学方法。简单说，就是以事明理。它包括正面例证和反面例证。

例如，讲授"新事物"概念时，教师先联系《经济常识》的内容，向学生介绍我国农村"家庭联产承包责任制"是如何适应农村生产力发展的要求，如何具有强大生命力和显示远大发展前途的发展过程，然后

33

指出：新事物就像"家庭联产承包责任制"一样，符合客观发展规律，具有强大生命力和远大发展前途。又如，讲授"规律的客观性"原理时，教师可通过讲述"拔苗助长"的典故来反面例证这一原理。讲完典故之后，可引导学生：那个种田人为什么好心得不到好报呢？生物是否按人们的主观愿望生长呢？然后指出：那个种田人只凭主观愿望，没有遵从事物发展的客观规律来正确对待生物生长，因而受到了客观规律的惩罚。这个典故告诉我们这样一个道理：事物变化发展的规律是客观的，即规律的存在和发生作用是不以人的意志为转移的，它不是人们从外部强加于事物的，也不是人们的意识所赋予的。人们想问题、办事情，不能同客观规律背道而驰，也不能根据自己的意志创造一个客观上不存在的所谓的"规律"，或者改造、消灭仍然在起作用的规律。这就是"规律的客观性"原理。

5. 图示讲授法

它是指教师根据概念、原理的内涵、外延、特征和内在的逻辑关系，用图形的方式把它具体形象化，并给予解析和说明，从而达到帮助学生深化理解和掌握概念原理的一种教学方法。图示具有直观形象的特点，易吸引学生注意力，使其产生浓厚的兴趣，教师解释之后，便于学生形象记忆与理解。

6. 温故知新法

也叫以旧带新法，指教师根据知识之间的内在联系和逻辑性，从已知的概念、原理出发，通过判断和推理，引导学生由已知向未知过渡，并达到理解掌握新概念原理的一种教学方法。

四、课堂教学讲授的技巧

（一）"教师少讲、学生多学"的讲授技巧

以往，教师在讲述教学内容时深入每一个细节，学生无须动脑筋就能够听懂，久而久之，学生的创造性思维被抹杀，产生了对教师的依赖心理。新课程带给教师新的教学理念，教师不是要教给学生知识，而是要引导学生探究知识，把课堂还给学生，让学生成为课堂的主人。

例如，在宁夏灵武实验区，一位负责培训的教师讲《心声》一课，两节课讲授分析用了60分钟，占了总课时的三分之二。而实验区一位教师的教法令人耳目一新。教师首先让学生把座位重新调整，四人一组，自愿组合。然后，教师引导学生围绕课文内容提出一系列的问题，让学

生在小组内展开讨论，然后再全班交流，课堂气氛空前活跃，在激烈的争论与辩论中，学生掌握了课文不同的结果。两节语文课，教师讲话不超过 15 分钟，不足总课时的四分之一，把大量的时间给了学生，取得了良好的教学效果。下课后，学生高兴地说："我们喜欢这样上课，什么时候还上这样的课？"这两次课，在实验区教师中引起一场很大的讨论。"7 分钟"胜过"30 分钟"。教师少讲，学生反而多学。

(二) "寓教于乐""寄庄子谐"的讲解技巧

教学过程应伴随着学生的快乐学习情绪反应，使学生在一种轻松愉快的心境下接受教育。教师应尽量采用丰富多彩的讲解方式来讲授，讲解过程中，可以引用名人史实，也可以引用轶事趣闻，还可以附加滑稽的动作，使学生的情绪浸没在栩栩如生的案例和教师的精彩表演当中。例子要经过细致筛选，贴近学生的生活，不可生搬硬套，牵强使用。将例子融合在讲述的背景之下，使传授知识和激发乐趣相得益彰。学生上课时将枯燥的理论学习和形象的例子联系在一起，容易产生不断的遐想和渴求知识的心理。古人云："授人以鱼，仅供一饭之需；教人以渔，则终身受用无穷。"无论是教师诙谐的讲解还是夸张的动作，都不应该只是为了博得学生的开心，讲解应具有深层含义，启迪学生的思维，使学生学会"举一隅以三隅反"。

(三) 内容"精、新、深"的讲解技巧

学生乐于学习应是教学活动追求的主要目标之一，它是确保教学有效性的重要因素，也是教学成功的重要标志。现代教学理论认为，教学应着眼于知识传授的陈旧观念必须更新，应将教学内容涉及的着眼点放在促进学生乐学，并指向学生的"最近发展区"上。"最近发展区"既是教学与发展的最佳结合部，也是激发学生的求知欲，促进学生乐学的重要着力点。而要使学生对教学内容有兴趣，促进发展，就必须根据一定的价值准则，在"精""深""新"这三个重要的维度上深入研究教学内容涉及的艺术。

所谓"精"是指教学的内容应该是经过教师精心选择的，具有系统性、逻辑性、代表性。教学内容不但具有较高的学术价值，还应该为学生的未来生活做准备。另外，教师应以恰当的方式将教学内容传递给学生，处理好传授知识和培养能力的关系，注重培养学生的独立性和自主性。

所谓"深"是指教学内容应超过学生的现有知识水平，使学习的内容富有挑战性。但是这种深度并不意味着教学内容的难度是遥不可及的，这种难度应该符合学生"跳一跳就能够摘到桃子"的心理特点，让他们在学习的过程中内心常常伴随着胜利的曙光。因此，这种难度仍是在学生的"最近发展区"之内，并且，针对不同学生的"最近发展区"，教师应给予不同层次的难度设疑和指导，使所有的学生都在一定程度上得到不同的发展。

所谓"新"是指教师在讲授教学内容时除以书本为主外，应尽量搜集与讲授内容相关的知识，对课本内容做最大的补充，使教学内容融入时代进步的潮流。并且，内容的补充是循序渐进、持之以恒的，这样就能够为每一堂课注入新鲜的血液。

（四）讲授教学中的演讲技巧

1. 例证充分

第一，使演讲人性化。若演讲主题是单纯谈平常事情或一般观念问题，很可能使听众产生厌烦之感。但如果是谈论人的问题，往往可以吸引人们的注意力。大多数人不想听人说教，所以，演讲所选取的例子一定要使人感到愉快、有趣。否则，人们就不会专心听你的演讲。

第二，使演讲个人化。根据卡耐基的经验，讲故事中间涉及别人时，最好的方法是使用涉及的人的姓名。在需要保护他们的身份时，可以杜撰假名。因为姓氏人名具有人证和显现个体的功效。

第三，使演讲充满细节。要使演讲充满细节，应遵循"五何公式"，即何时、何地、何人、何事、何故。依照这个公式安排讲演的例证，会使所举事例多姿多彩，平添生趣。

第四，利用对话，使演讲戏剧化。一段戏剧性的描述，听起来很有戏剧性的味道，而且，对话是日常生活中的会话，会使讲演更为真实可信。

第五，展示讲演的内容，使其可视。心理学的研究表明，人们85%以上的知识是经由视觉形象为人所摄取的，因此，当众讲话，应该既是一种听觉艺术，又是一种视觉艺术。以细节丰富讲演，最佳的一种方法是在其中加入视觉的展示，即增加一些适当、恰当的表演动作。

2. 限制题材

题目选好后的首要工作是定好演讲内容的范围，但并不突破所确定的内容的范围，不要在一次演讲中涵盖太多的题材。如果论点太多，就

无法吸引听众的注意力。人的思想不可能一直去注意一连串单调的论述。假使下个人的讲演听起来像是什么年鉴，便无法长时间维持听众的注意力，演讲效果会因此大受影响。

五、传统讲授技能存在的问题

1. 过分多讲，忽视学生主体

传统教学中许多老师把讲授法等同于"满堂灌""填鸭式"，过分注重讲，不管学生会的不会的都讲，不管重要的不重要的都讲，结果该讲的没讲，该挖掘的没挖掘，缺少了知识含量，缺少了内容深度。过分看中讲主要出于以下几种心理。

怀疑心理：只相信教师的讲课功底，不相信学生的自学、发现、思考和探索能力。

害怕心理：怕讲少了学生学不会、成绩提不高、考不好。

重结果的心理：直截了当给学生讲课，直接把结论告诉学生，认为这样做既节省时间，又可以让学生省事，殊不知这造成了忽视学生的学习过程，致使学生一味地听，以至于对学习逐渐失去兴趣。

2. 讲授以教师为中心

传统教学中的讲授是以教师为中心的，既然是中心，教师就会在课堂上滔滔不绝地讲解，就会一讲到底，很少顾及学生，他所关注的是今天我是否讲清楚了教材中的内容，他的教学关注点是在教学内容的传授上。由此他在备课时的重点是：教材中什么是难点、重点，怎样讲能够清楚些。也就是考虑的重点不在学生的掌握和学会，而是在怎样告诉得清楚明白。一句话，教师的关注点是教学的内容，其教学行为是让学生记住教师所教的内容。

3. 强调接受，忽视学生自主

由于传统的教学以讲授法为主，学生的学习则以接受学习为主，忽视学生的自主学习和发现学习。随着信息技术的普及，学生获取信息的来源变得多样化。学生不再只是从教师和书本上获取知识和信息，他们还可以从报刊、电台、电视以及互联网上获取大量信息。一味强调接受学习，已经不能适应时代的要求，因此，教给学生发现学习和自主学习的方法，培养学生的自主学习能力，就变得非常必要了。

六、课堂提问艺术

"提问"，即提出问题求答。课堂教学提问，是指在课堂教学中，教师根据一定的教学目的要求，针对教学内容，设置一系列问题情境，要求学生思考回答，以促进学生活跃思维，提高教学质量。课堂教学提问的功能强大，在教学中占有一定的优势，它可用于检查知识、温故知新；集中注意、激发兴趣；促进思维发展、组织调控教学、活跃课堂气氛；引起无意注意、形成心智技能；引导思路定向、发挥主导作用；激励功能、启发思维，发展智力、反馈评价；提供参与机会、发展表达能力，获得知识智慧。培养思考能力，可用于巩固已学过的知识，也可用于传授新知识，并能指导、总结、检查和评定学生的知识、培养学生的创造性思维。

一、课堂提问的过程与要求

（一）提问的过程即课堂提问的程序，要考虑学生心理状况，实际提问过程一般应注意下列几个步骤。

（1）提出问题。提问时，要言简意赅，使学生确切地掌握教师的要求。并使全班学生都注意所提的问题，思考所提出的问题。

（2）稍加停顿。提出问题后，要稍停片刻，给全体学生思考问题、组织语言的时间，根据问题的难易和复杂程度，掌握停顿的时间。

（3）指定学生回答。教师要亲切地指定学生针对所提问题，沉着地将自己的看法系统地表达出来，教师不应轻易打断学生的发言，使学生不紧张、不拘谨。

课堂教学的提问，可以分为以下四个阶段。

1. 引入阶段

教师用不同的语言和方式来暗示学生，使学生对提问做好心理准备。如"同学们，下面让我们一起来看一段录像，并请大家思考这样一个问题……""下面这个问题，看有谁能够作答……"。

2. 拟题阶段

拟题是为提问而做的准备工作，它是提问成功的重要条件之一。作为教师要在此阶段精心设计问题，拟定的问题应充分发挥提问的功能，满足教学的需求。

3. 列题阶段

即陈述所提问题并做必要的说明。表述问题应清晰准确。

教师还可提醒学生有关答案的组织结构，如以时间、空间、过程顺序等作为回答的组织依据。如"请注意，在回答问题时从以下几个方面……""请用简单的两句话回答问题，注意逻辑性……"等。

4. 听答启发

教师要倾听学生答题，在学生不能作答或回答不完全时，要以不同的方式鼓励、启发学生。主要考虑以下四个方面。

（1）检查，核对查问学生是否听懂听清了所提问题。

（2）催促，力求学生快速做出反应或完成教学指示。

（3）提示，给学生设立适当台阶，使其能答对、答准。

（4）重述，当学生对题意不理解时，用相同或相近词句重述问题。

5. 评价阶段

教师对学生的作答进行处理，这是一个非常重要的环节，不可忽略。方式主要如下。

（1）重述，教师以相同或相近的词句，重复学生的答案，以引起学生的重视；

（2）追述，根据学生回答的不足，追问其中要点；

（3）补充，根据学生回答的不足，由教师和其他学生予以补充；

（4）更正，教师或学生纠正错误的回答，给出正确的答案；

（5）评价，教师对学生的回答予以评价；

（6）延伸，依据学生的回答，引导学生思考另外新的问题或进行新的内容学习；

（7）检查，检查其他学生是否理解回答问题这位学生的答案或反应。

（二）课堂提问的要求

1. 设问精要

精要的设问具有如下特征。

（1）趣味性。提问最为重要的是要激发学生的学习兴趣，调动学生的积极性，把学生从某种抑制状态中激奋起来。如：大家都喜欢上网，但你们知道如何通过网络快速准确地找到你想要的信息吗？

（2）科学性。提问要科学，要符合逻辑。提问要做到：直截了当，干脆利落；条理清楚，主次分明；语言规范，概念准确；短小精悍，清晰可变。

（3）启发性。例如，学完条件语句和循环语句后，提问："条件语

句和循环语句的作用有何不同？如何利用它们解决实际问题？"回答这种问题不仅需要记忆力，还需要分析、对比、归纳等综合能力，无疑会促进学生的思维。

（4）顺序性。即按教材和学生认识发展的顺序，由浅入深，由易到难，由近及远，有层次地提出问题：从认知理解性问题开始，到分析综合性问题，再到创造评价性问题。

（5）针对性。即从学生的实际情况出发，注重学生年龄特征、知识水平和接受能力。首先，问题的难易要适度，联系学生实际；其次，要按班级中上水平学生设计问题，让多数学生参与，并适当兼顾"两头"和某特殊学生的个性特点。

（6）目的性。设计的问题，应服从教学的目标，考虑学生能学到什么，思考什么，形成何种能力和品质。如："学习了计算机的基本组成后，大家是否想知道计算机是如何工作的？"学生围绕这个问题展开讨论。提问要紧紧抓住教材的关键，于重点和难点处设问，以便集中精力突出重点，突破难点。

2. 发问巧妙

（1）对象明确。提问的效果，最好能启发多数学生的思维。有的教师喜欢先叫名字，然后再提出问题，这样其他学生就会觉得"反正和我不相干"，而不去思考；又如有些教师往往依照学生的座次或点名册依次发问，其弊端等同于先指名后发问的情形；再如，有些教师喜欢提问成绩好的学生，其他学生基本处于消极状态，亦不利调动多数学生积极性。另一种是专门提问差生的，目的是吸引他们的注意力，但往往耗时费力，得不偿失。

正确的提问策略是：面向全体学生提问，引起每位学生的思考，一般情况下，先提问中等水平的，同时提醒全体同学注意听；接着再请好的学生补充。优秀学生等待提问"卡壳"时用来解除"危机"。当然也要关注到"差生"。

（2）表述清晰。发问语言应简明易懂，问题尽量清晰、不复述，养成学生注意教师发问的习惯。若某个学生没有听到教师所提问题，可以另行指定一个学生回答。如学生不明了问题的意义，而要求教师解释，可用更明白的词句把问题再叙述一遍。

（3）态度可亲。要表示相信学生能够回答。发问的态度和表情不可

太严肃，否则会影响学生静心思考，不能畅所欲言。

（4）适当停顿。教师发问后，要给全班同学思考时间，不宜匆匆指定学生回答。若某一学生回答不出来，不必继续等待，可另行指定，而让其旁听。

3. 启发诱导课堂教学的提问重在启发诱导

（1）抓住启发引导的时机

①当学生的思维受困时。例如，通过分析一个死循环程序，然后发问：用什么方式来保证循环能够正常退出呢？

②当学生疑惑、厌倦、困顿时。例如，在讲程序设计课程内容时，介绍了几种数据输入的方式，适时提出问题：谁能说说数据输入的三种方式的异同和各自的功能？这样适时让学生进行思考分析，巩固新知识。

③当学生认识分歧时。例如，当学习了输入和输出设备之后，提出问题：Modem 是输入还是输出设备？

④当学生无法实现知识迁移时。心理学研究表明只有巩固和清晰的知识才能顺利地迁移。因此，教师应特别注意新课前的提问，在复习旧知识的基础上，讲授新知识，借以由已知向未知过渡。

（2）启发诱导的方式

①从联系旧知识入手进行启发。

②增设同类，对比启发。

③指导读书，深入思考。

④从例题进行启发。

⑤把握教材内在逻辑关系，逐步提问引导。

⑥帮助学生厘清思路，引导学生抓住关键。

（3）提问态度

①创设良好的提问环境。应以与学生一起思考的心情提问，不用强制回答的语气和态度提问，要注意培养师生感情，以消除学生的紧张心理，鼓励学生做"学习的主人"，参与回答问题，大胆发言。

②教师要保持和善谦逊的态度和情感。提问时的面部表情、身体姿势以及人际距离、在教室内的位置等，应使学生从中得到信赖和鼓舞。教师绝不能表现出不耐烦、训斥、责难的态度，不然会使学生产生回避、抵触的情绪，阻碍问题的解决。

③教师要耐心地倾听学生的回答。教师的耐心，对充分发挥学生主

观能动性，增强学生回答问题的信心，增多创造思维的成分，提高学生参与意识均有一定的作用。对一时答不上的学生可适当等待，启发鼓励；对回答错的学生不要训斥；对不做回答的学生不要罚站，应让其坐下来听别人的回答。

④正确对待提问的意外。有些问题，学生回答出乎意料，教师对答案是否正确没有把握做出判断。此时，教师切不可妄加评判，而应实事求是地向学生说明，自己思考清楚后再告诉学生。当学生对教师的错误回答做出纠正时，教师应该态度诚恳，虚心接受，与学生相互学习，共同探讨。

4. 归纳总结

学生回答问题后，教师应对其发言予以分析评价，使问题有明确的结论，强化他们的学习。必要的归纳和总结，对知识的系统与组合，认识的明晰与深化，问题解决以及学生良好思维品质与表达习惯的形成均起着十分重要的作用。

二、课堂提问的方法

课堂提问是教学的有效手段之一，也是教学过程的一个重要环节。如何让学生对所提出的问题乐于思考、积极回答呢？下面介绍几种提问的方法。

1. 铺垫式提问

在讲新课之前设计一些准备性题目，铺路搭桥，利于学生掌握系统知识，减少难度。通过提问，交给学生具体的思考方法，做好思维方面的铺垫，从而降低了难度。

2. 对比式提问

对比式提问，是指将相互联系或容易混淆的概念加以对比而排定的提问，旨在使学生认识事物的相同点和不同点。例如，提问：什么是ROM？什么是RAM？它们各自有什么特点？通过分析对比，全班同学都能很好地把握教学内容。因此，进行启发式教学，实现教与学"双向交流"，进行对比十分重要，可以取得更佳效果。

3. 顺序式提问

这种提问是根据教材的逻辑顺序，依次提出一系列的问题。如在程序设计内容的教学时，通过循序渐进的提问，让学生找出问题的变量、解决问题的过程、写出算法、编写程序、运行和调试，最终得出结果。

4.温故知新式提问

学生有了一定知识基础，又有探索新知的欲望，教师要善于引导学生"温故知新"，联系已学过的知识，引导学生把握新知识，加深对新知识的理解。教师还可针对学生易犯的错误，设计错例，进行分析讲评，借此生议。可采用设陷诱导的方法，如：Modem 是用来进行网络连接的设备，是一种输入设备，大家说对吗？这样引入后，学生对输入和输出设备的特点记忆深刻，分析能力也不断加强。

5.探究式提问

根据事情的结果，对事情的原因、经过，进行探究设问，有利于激发学生的兴趣。探究式提问在程序设计教学中常被采用，它是从编程题中所求的问题出发，在教师的适当暗示下，主要由学生自己根据题意，逐步探求一个个中间问题，从而达到解答问题的目的。逆向启发式提问，对学生在思维上的要求更高，显然这对发展学生的思维，培养他们独立解题的能力起着十分重要的作用。

6.想象式提问

不局限于教材内容，而是根据教材内容，让学生展开想象的提问，从而使学生对教学内容有更深刻的理解，更有利于丰富学生的感情，发展学生的思维能力。例如：试着想象今后的计算机是什么样子的？

7.引路式提问

这是指学生遇到了难以解决的困难时，教师要给他们指方向、教方法，引导学生突破难点。在运用引路法时，教师应做到循循善诱、诲人不倦，在课堂上对所提问题的措辞要确切，回答的活动范围要小，尽可能从一个角度去问，有时还可以比较具体明确地把一个大问题分解成若干个小问题，便于学生回答，有利于学生思维定向。

8.评价式提问

教师先不表态，把学生各种方法并列公布，提问学生评价，从而启发学生思维，得出正确结论。如提问：这几种算法对不对？哪一种算法最简便？学生通过讨论、分析、评论，既找到最简便的算法，也掌握了计算编程算法的编写方式。

9.连环式提问

它是指为了达到教学目的而精心设计的一系列环环相扣的问题。这几个问题形成一个整体，几个问题解决了，整个问题也就解决了。如在

网站建设内容中，通过提问引导学生学习 WWW、网页、主页、网站的基本概念及其相互关系。

10. 消化理解提问适用于讲授新课后，为了加深学生理解，在学生容易模糊处设问。例如，通过归纳，学生总结了算法的基本书写格式后，进而提出问题：在描述算法中最关键的要素是什么？

11. 发散式提问

这种提问可以对同一问题从不同角度去获得多种答案。如：从学过的输入数据的方式中，我们可以用哪些方法对数组赋值？如何赋值？通过发散提问，培养了学生求异思维能力。

12. 破题式提问

即根据课题要点设问。课题是教学内容的关键，通过对教学内容中重点、难点的把握，由此展开问题的探讨，如，在数据库结构的教学时，可以根据课题提出问题：关系数据库的结构由哪些部分构成？什么是字段、字段名、字段类型、字段长度？什么是记录？教学中解决了这些问题，也就达到了教学目的。

13. 激趣式提问

在学习新知识之前，教师有意识地提出问题，展示制作好的作品，以创造生动愉快的教学情境，从而引导学生带着浓厚的学习兴趣去积极地思维，寻求新的知识。课堂气氛顿时活跃起来。这样就能使学生在轻松愉快的气氛中进入探求新知的阶段。

14. 重复式提问

所提问题在教学内容中处于重要地位，是一堂课的关键所在。因此当一个学生已经做出正确回答后，教师仍要继续提问若干学生，通过重复回答，起到突出、强调的作用，以形成深刻的印象。这种提问的特点是用学生的重复回答来代替教师的强调，同时，由于教师对每个学生的回答暂不表示态度，有利于提高学生的辨别能力。如教程序设计的编程题时，在对几个循环问题求解之后，提问：利用循环程序求解的问题有什么特点？在学生回答后，教师继续点名，让学生继续重复回答，连续进行几次，使学生形成统一的深刻印象。

15. 迁移式提问

就是让学生通过回答和完成教师精心设计的旧知练习或操作活动，来向学生提出问题，启发学生对新知的探索，从而能使学生尝试利用过

去的知识、技能、方法和经验来解决新问题的提问法。这种提问法成败的关键除了首先要针对教学内容，还要对练习或操作活动进行精心设计。

16. 逆向式提问

逆者反也，就是把问题倒过来提出，让学生利用事物之间相反相成的矛盾关系，以反推正。逆问的特点是以反推正，形成矛盾，它容易引起学生心理上的矛盾冲突，应将学生容易忽略的地方提出，以引起注意。例如教"程序设计内容"时，可以不从正面讲如何编程，而是从程序运行的结果中提出问题、分析问题，构成矛盾情境，更能调动学生思维的积极性。

总之，课堂中的问题隋境的创设，有利于教学内容的展开和学生对知识的把握，教师应掌握提问的过程和基本方法，同时也要重视让学生自主提出问题，用问题驱动的方式实现教学目标，使课堂的教学更加高质高效地进行。

对于一些重要物理概念，一般水平的学生往往以为自己能复述就算懂了，其实不然。物理概念是反映物理现象和过程的本质属性的思维形式，所以教师在课堂上要针对概念提出一些题意明确清楚的实际问题，诱发学生思考，帮助学生克服盲目的自满情绪，这样对提高学习效率、突破教学难点很有用。特别是在学生一般认为理当如此的地方，可提出与常规看法相悖的问题，展开深入讨论，培养学生的思维灵活性、独特性和创新意识。同时引导学生对已解决的问题，进行深入的探索，或以题目的本身提出疑问或变换题目的条件，来拓宽学生的视野，诱发学生发散思维，增强学生的应变能力，培养思维的广阔性和深刻性。

提问可以提高学生的语言表达能力和观察能力。学生思维能力的发展总是和语言分不开的，课堂提问便是培养学生正确地把握学科语言表达能力的契机。如在教师做演示实验的过程中，采用边做边提问让学生回答的方法，培养学生的观察能力、想象能力和语言表达能力。

提问学生和由学生发问，可以通过对话培养学生善于提出问题的良好习惯。发现问题、提出问题也是一种重要的能力，教师应鼓励学生大胆设疑，对学生提出的问题，要冷静考虑，合理处置。

通过提问，教师可直接表达关心学生的思想情感。让学生体验学习的乐趣和发现的喜悦，有利于师生之间的沟通和信息交流。通过提问，教师能够发现作业、考试中的抄袭现象，以便在教学中及时解决。

课堂结语艺术

一、课堂结语的类型

在课堂教学研究中，很多人往往只去注意课堂导语，用尽千方百计去设计一个好的开头当然是重要的，但忽视了课堂结语，虎头蛇尾，同样不能算是一堂成功的好课。一段好的课堂结语可以培养学生的概括能力，开阔学生视野，启示后学。下面略谈一下笔者运用的几种课堂结语，以抛砖引玉。

（1）下回分解法：在课的结束，能够根据本课的重点难点设计出一至四个由易到难的题目，培养学生独立分析问题、解决问题的能力。

（2）引申铺垫法：结语的内容不局限于下节课，而是有意识地为今后要学习的知识埋下伏笔，潜移默化，打下基础。

（3）承上启下法：在总结本节课学习目标的基础上，过渡到下节课的内容，引导学生课后主动预习，养成良好的学习习惯。

（4）呼应开头法：根据目标教学原理，不仅在课的开头要明确出示目标要求，而且在课的结尾要一一做出反馈，落实到位。

（5）画龙点睛法：即在课的结尾让学生自己要言不繁地总结出来本节课所应掌握的知识要点，教师加以修正，以此锻炼学生的口语表达、概括能力。

（6）发散结尾法：可由本学科内容的原理推而广之到生活、文化、科技等领域，举一反三，让学生充分体会到知识的无穷魅力，继而激发学习兴趣，培养良好的学习动机。

（7）放松结尾法：由于师生的密切合作，本节课教学目标均已提前完成了，不妨可以听听音乐。师生同欢，其乐融融，拉近了距离，无疑会赢得学生的欢迎，提高教师的人格魅力，进一步促进课堂教学的效率的提高。

课堂结语缤纷多彩，多种多样，应不拘一格，因课制宜，因科制宜，做到科学性与艺术性的统一。

在课堂教学过程中，教师都非常注重"导语"的设计。固然，"导语"安排得巧妙，能起到先声夺人、引人入胜、激发兴趣的作用，而课堂教

学的"结语"也不可小视，若安排得当，更能产生画龙点睛，余味无穷的效果。

例如，明朝人谢榛在《四溟诗话》中说："凡起句当如爆竹，骤响易彻；结句当如撞钟，清音有余。"其意思是说，文章开头要响亮，使人为之一振；结尾要有韵味，使人觉得余音绕梁，不绝于耳。正如一篇篇清新利落的好文章，无不是凤头豹尾，一气呵成。所以，教师在教学过程中，也要精心设计"结语"，使它在帮助学生把握学习重点、巩固所学知识的同时，能让学生有所回味，有所感悟，有所创新。

二、课堂结语的设计

那么怎样才能设计出好的结语呢？下面分几个方面谈谈个人的体会。

1. 概括总结，深化题旨

这是最常用的一种结尾方式。一节课或一篇课文教学终了时，教师运用准确、精练的语言，对教学内容和重点进行提纲挈领的总结和归纳，意在让学生由博返约，纲举目张，在学习的结束阶段再次强化教学重点，从中找出规律，上升到新的认识，牢固地掌握所学的知识。

例如，《黄继光》一课：

"课文具体记叙了黄继光在战斗中最紧张、最危急、最关键时刻，英勇无畏舍身炸敌地堡的语言、行动，表现了黄继光为了保卫祖国人民的安全，为了朝鲜人民的解放事业，英勇地献出了自己宝贵的生命的高贵品质。他的光辉事业，谱写了一曲中朝人民团结战斗的胜利赞歌。他的光辉形象，闪耀着爱国主义和国际主义的灿烂光辉，成为我们永远学习的榜样。"

这段结语就充满激情地概括出了课文的内容要点，突出了课文的中心思想，概括了课文的写作特点，使学生在学习之后又一次得到重点的强化，受到教育。

又如《古诗二首·登鹳雀楼》的结语：

"这首诗抒发了诗人热爱家乡、热爱祖国山河的感情，同时，向我们揭示了只有站得高、才能看得远的道理。"这种感情和道理，是抓住

当时、当地太阳落山、黄河奔流、登鹳雀楼之高，望苍茫大寺之远的景物特点来表现的，而不是凭空说教。

这段结语同样概括了中心、揭示了寓意、点明了写法。除此之外，总结也可以抓住课文学习的某一方面，从结构、语言、选材、立意、表达等各个不同的角度和层面进行归纳，但务必要紧扣教学要点和学习重点，简明扼要，切勿泛泛而谈。

2. 延伸话题，引来活水

课文讲完后，不是马上结束教学，而是根据课文的思想内容和人物线索，引导学生由课内向课外延伸、拓展，使之成为联系第二课堂的纽带。这样，既使学生对课文内容有了更深层次的理解，又为学生介绍了与课文内容密切相联的课外资料，在拓宽知识，扩大视野之余，还为学生进行研究性阅读提供了帮助。

3. 设置悬念，激发欲望

有些故事性较强或内容较复杂的课文，往往要分几个课时进行教学，而上下节课教学内容联系又非常紧密，教师就可以利用教学内容的连续性和学生的好奇心，在上一节课的结束时，针对下一节课的教学内容提出一些富有启发性的问题，造成悬念，以激发学生的求知欲望，起到"欲知后事如何，且听下回分解"的"吊胃口"效果。

4. 反弹琵琶，逆向引导

教师在设计教学步骤，安排教学内容时，把学生感到模糊的或容易引起意见分歧的问题有意识地留到后面，组织学生进行探讨、分析，畅所欲言，各抒己见，在充分讨论的基础上得出正确的结论，统一认识。这样的结尾，能使学生的学习由被动吸收变为主动探索，同时培养学生大胆质疑，创新思考的精神。

在教学过程中，由于每个语文老师知识结构、教学风格的不同及课文体裁的差异，其结尾处理也会各有千秋。或画龙点睛，卒章显志；或首尾呼应，轮廓完整；或举三证一，指明殊途。但不管采用何种形式，教学结尾的任务不外乎两个方面：一是概括教学内容，突出重点，强化难点，总结规律，使学生对整堂课的教学内容和知识要点获得明确清晰的印象；二是开阔学生视野，促进学生思维，引起他们对有关内容的联想和思考，最终给学生一种"教学已随时光去，思绪仍在课中游"之感。

第三章

教育语言艺术

说服的语言艺术

说服是向学生进行思想品德教育的最基本的方法。它通过摆事实、讲道理，向学生讲清楚社会主义道德品质的规范和标准，使学生掌握社会主义道德品质的基本内容和要求。说服教育能使学生更好地看待对与错、好与坏、美与丑，能使学生有一个基本正确的认识，使学生了解怎样才能成为有理想、有道德、有文化、有纪律的社会主义新人，并为成为德才兼备的社会主义建设者和接班人而积极努力。

说服也要讲究方法。

第一，调查研究要有方法有目的。教师说服学生方法是多种多样的，但是首先了解学生在思想品德方面所存在的问题，从而分析问题存在的原因，找出症结所在，再想出解决的办法，然后有的放矢地向学生进行说服工作，按照这样的步骤进行，一般说服都很成功。

第二，说服要讲道理，从正面入手。教师在说服学生时，不能用强制、压服和简单粗暴的方法，不能空洞说教，必须坚持正面诱导，启发自觉。对学生存在的问题不能夸大、吓唬和无限上纲，必须进行实事求是的分析，讲明问题的性质、产生的原因和造成的后果，用尊重学生、爱护学生的态度，用亲切温和的语调，帮助学生分清是非，使其心悦诚服。

科学的"说服教育"就是要讲科学方法，教师在实施教育转化的过程中，要做到充分尊重学生的人格，从多方面开导学生，加强学生的自觉性，适时地创造出能培养师生感情、引发共鸣的氛围和情境，晓之以理，动之以情，从而达到使他们的品德和身心得到健康发展的目的。

在说服教育的过程中，做到以理服人是特别重要的。

俗话说：有理走遍天下，无理寸步难行。可见"理"的重要性。在师生交流的过程中，教师也要充分发挥"理"的作用，把话说到"理"上，以理服人。

那么只要实事求是地面对教育对象，在和学生交流的过程中，以真诚的态度感染人，以满腔的热情感动人，以正确的途径引导人，就能收到以理服人的良好效果。

第三，通俗生动，寓理于事。教师说服学生，语言要力求通俗易懂，更要鲜明生动而充满情趣。不能用"官腔""大话"像审讯犯人那样，也不能用"套话""假话"去诱骗学生。讲话要叙事清晰，推理严密，

实事求是，合乎情理，毫不含糊。教师不仅要"言教"，更要"身教"，做到言行一致，表里如一。不能说了不算，出尔反尔，丧失学生的信任。

第四，热情诚恳，灵活得体。教师在说服时要"一分为二"。既要满腔热情地肯定他们的进步，又要善意地耐心地批评他们的缺点和错误，使学生感到老师对自己没什么成见，感到老师既严格而又友善和温暖。对年龄、个性、心理上有差异的学生，要使用不同的教育语言，可以心平气和，以柔克刚，可以措辞严厉，单刀直入，可以迂回包抄，步步深入，总之，要"一把钥匙开一把锁"，使学生能够并乐意接受。

在一个班集体中，总免不了存在这样或那样缺点的学生，这就要求每一位教育工作者不失时机地创造教育情境，善待学生的顽皮。此外，老师还要和学生建立一种平等的关系，尊重学生的人格，不歧视、不讽刺挖苦和冷语打击后进生，而是用真诚换真诚，达到心灵沟通，情感交融。只有充分理解学生，才能进入学生的精神世界，体会他们的心情，了解他们的苦衷，体谅他们的所为，把声色俱厉的批评换成和风细雨般的说服教育，把当众的指责和纪律的处分变成背后的耐心开导。正如教育家陶行知告诫我们那样："你的教鞭下有瓦特，你的冷眼里有牛顿，你讥笑中有爱迪生。"

以真诚赢得信任

苏联教育家苏霍姆林斯基说："真诚的关切，这是和谐发展的一般基础，在这个基础上的各个品质都会获得真正的意义。"他强调的是教师与学生交往中，教师说话要真诚。要"以心换心"，这样才能达到成功教育的目的。

与学生进行谈话、沟通，态度一定要坦诚，诚恳，让学生感觉你是真挚的，这样才能打开学生的心界，学生也才会向你敞开心扉。尤其是学习不佳和失足的学生，他们往往都有一种自卑心理和自暴自弃的心理，与这些学生谈心时，要发现他们的闪亮点，鼓励他们抬起头来走路，树立自信心。切忌反语讽刺，挖苦中伤。

如果教师在感情上先站在了学生的对立面上，势必会造成师生对立的局面，自然不可能取得良好的效果。所以，只有相互信任，才能倾心面谈。下面我们看这样一个例子。

学生小凯从不爱惜书本，乱涂乱画，书面整个儿是"脏乱差"。再看看书角，千层卷万层毛，活像一个小"非洲茅屋"。

唉，怎么办呢？我惋惜地帮他抹平书角，他默默看着，似乎也很惋惜。他或许会改，可他能够保持多久呢？半学期，一个月，还是一个星期？

我看到自己的教学书平平整整，有了主意。

"我有个提议，咱们俩换书用，期末换回来，好不好？"

他将信将疑。

"不过，你要爱惜我的书，当然。我也会很爱惜你的书。你能不能保证，期末还我一本整洁的书？"

他笑了，冲我点点头。

后来的日子里，我只偶尔说过他一两次，而他手里的那本书确是保存完好。我能想象得到当我们交换书本的时候，他骄傲的神色、灿烂的笑容。我准备把那本书赠送给他，还在上面签名，并和他相约，下学期发新书的时候我们还换！

这位班主任的工作是从学生的"心"开始的，而且在与其交流的过程中也始终是用"心"为之，而不是说空话。他平等真诚地对待他的学生，与其交朋友，使这位学生改掉了一个坏习惯。所以只有在真诚理解的前提下进行交流，才会事半功倍。

说话的魅力并不在于你说得多么流畅、滔滔不绝，而在于你是否善于表达真诚。最能推销产品的人并不一定是口若悬河的人，而是善于表达真诚的人。当你用得体的话语表达出真诚时，你就赢得了对方的信任，建立起人际之间的信任关系，对方也就可能由信任你这个人而喜欢你说的话，进而喜欢你的产品了。

不仅推销员讲话如此，教师日常说话也是同样道理。讲得最顺畅的演讲不一定就是好的演讲，这种演讲虽然流畅优美，但是如果缺少诚意，那就失去了吸引力，如同一束没有生命力的绢花，很美丽但毫不鲜活动人，缺少魅力。因此，把自己的真诚注入日常交流之中，把自己的心意传递给对方，当听者感受到你的诚意时，他才会打开心门，接收你讲的内容，彼此之间才能实现沟通和共鸣。

夸奖的艺术

学会激励，唤醒自信，尊重差异，用欣赏的眼光看待学生，用宽容的心态接纳学生，那么，我们就能带给学生如沐春风般的愉悦感，学生在我们身上将享受到教育的幸福。

马克·吐温说过："只凭一句赞美的话，我就可以快乐两个月。"学生从教师的表扬鼓励语中听出对他的理解和尊重，因此调动起求知的积极性，提高课堂教学效果显得尤为重要。心理学家威廉·詹姆斯说："人性最高层次的需求就是渴望别人欣赏。"也就是说受到表扬鼓励，能使人感受到动力和自身的价值。教师在课堂中，在评价学生时，不失时机地说些"表扬鼓励话"，将会大大激发学生学习的热情。

应当注意的是，在对学生讲"表扬鼓励话"时，应避免超限效应的发生，由单调化、模式化表扬鼓励向多样化、个性化表扬鼓励转变。

那么怎样才能做好对学生的赏识、激励教育呢？

作为一个教师，既是教育者，也是管理者，要想做好教育和管理工作，做到会赏识激励学生，是很重要的一环，要认识到当学生有了进步时，最需要得到的是认可；当学生获得成功时，最需要给予的是赞赏；当学生受到委曲时，最需要给予的是安慰；当学生犯了错误时，最需要给予的是宽容；当学生遇到挫折时，最需要得到的是鼓励；当学生有某一兴趣时，最需要得到的是支持。只要这样做，赏识激励教育才能产生预期效果。

一、感受学生，把握需求

这是做好赏识激励教育的前提条件，感受学生，就应该了解学生，熟知学生，你的学生在想什么，希望做什么，爱好是什么，你都要心中有数。一个班级几十名学生，他们的内心需求是不一样的。作为一个教师，无论在教学中或是管理中，很有必要换位思考，要站在青少年学生这个年龄段的角度思考，不要站在成人的角度思考，要明白，学生是怎样看待教师的所作所为的，学生是怎样认识教师对自己的评价的，学生是怎样议论他人的。感受学生的目的是认识学生，了解学生，理解学生，更好地教育和管理学生。

要想真正感受好学生，就要喜欢他们，尊重他们，让他们感到你的可亲、可信、可靠，这样，他们才能对你敞开心扉，使你真正了解学生的喜怒哀乐和内在需求。有些老师见到眼中所谓的"差生"，总是把批评指责挂在嘴上，把严字写在脸上，甚至还有过激的行为，认为这都是为他们好，"严师出高徒""学生好比一棵树，不修不剪不成才""错误不批改不了"，好像学生只能在批评指责声中才能长大成才，批评指责成了教育学生的常规武器。家访或家长来校时，总要询问学生在家里是否经常看电视？家长也总向老师汇报："我们那孩子不听话，回家就看电视。"因此,不论老师,还是家长,对孩子的责备之声不绝于耳,甚至臭骂。应当承认,家长和老师的这些举动都是好的,然而遗憾的是,教师和家长都没有做到真正感受学生,不知道他们的内心需求,应当认识到,学生在完成作业后闲暇之余,看看电视、课外书,了解一下丰富多彩的世界,是很有必要的,也是应该的。

二、赏识激励,开发内力

赏识激励要做好两方面工作:一方面要努力找出学生可赏识、可激励之处,用多种方式进行赏识激励;另一方面,要对学生的缺点和失误尽可能地给予宽容和谅解。

1. 努力寻找可赏识、可激励之处

一个班级,几十名学生,性格不同,脾气不同,内在需求不同,因此,赏识激励要有不同的针对性。力求在平凡、平庸中捕捉搜寻闪光点,扬长补短,在成功卓越之中品味、赞扬其特点、优势,以促进个性特色形成;在失误挫折之中寻找正确和有利的因素,增强自信,开发内力。

例如,在某一位老师的班级中,有近三分之一的学生上课听不懂,根本跟不上教学内容,却仍然静静地坐在座位上,陪着其他学生听课,长年累月,不敢捣乱造次,现在想想,这容易吗?那几乎是一种受罪的感觉,提问他们,答不上来,老师就大发雷霆,拿他们当出气筒。然而偏偏是这样的学生,每次见到这位老师总先打招呼、问好。毕业出校后,见到老师总问:"郭老师,我现在在哪干呢,需要什么说一声。"看,这是何等的胸怀!何等仗义!这说明什么呢?真是值得深思啊!

2. 根据不同对象、不同特点和不同场合,选择不同的赏识激励方法

教学实践显示有的学生希望老师当众表扬自己,心里才舒服。有的学生喜欢老师个别进行导向性赏析,觉得这样得到的表扬才真实,心里才踏实。有的场合,适合三言两语的称赞;有的场合,只需要老师伸出大拇指或者报以示意性微笑就够了;有的场合,却要求老师有根有据,条分缕析,深入浅出地进行品味性夸奖。至于选择何种赏识激励的方法,要根据学生的心理需求、个性特点和具体场合来确定。

对于学生,有时一个眼神、一句话、一个处理结果,随着时间的推移,老师可能早就忘得一干二净了,而亲身感受这种体验的学生却一辈子也忘不了。赏识激励就像沐浴学生心田的阳光和雨露,学生健康茁壮成长,永远需要这种特殊的养料。所以,教师千万不要吝啬表扬、夸奖、赏识和激励。

3.给失误的学生尽可能多一点包容

学习好还听话的学生，哪个老师都喜欢，赞美之词不绝于耳；学习差还调皮捣蛋的并且还总给老师出难题的学生，总是招人讨厌。期末评语，冥思苦想找不出一条优点，而恰恰就是这些学生更需要多一点赏识，多一点激励，甚至还应对他们的缺点乃至错误给予包容。也许有人会说，这不是放纵吗？为什么还要对学生的缺点和错误予以包容呢？一般来说，人，谁也不会喜欢或保留自己的缺点和错误，只要对自己的缺点和错误有所察觉，都愿意克服和纠正，就人之常情说，谁也不愿意让老师，让家长或上级领导当众揭老底，即使有失误与犯错，大多希望能得到相关人的谅解。本应该受到责罚，反倒没有给予责罚；本不应该谅解的，反倒得到了原谅，此人定会心存感激，会更加自责、内疚，这样，心理情感人们都可以理解。

批评的艺术

过多、过久的表扬鼓励会引起学生极不耐烦或逆反的心理现象。

恰当、适量使用表扬鼓励是教师要学习的学问，同样，怎样正确批评学生也是教师应该掌握的一门艺术。在课堂中，教师巧妙批评学生，会使批评教育收到意想不到的效果。

表扬如蜂蜜，但天天吃糖的孩子在吃到蜂蜜时，体会不到那一份沁人心脾的甜蜜。批评犹如整枝理叶，要使花儿开得更美，适时修剪劣枝杯叶是必不可少的。

巧妙地使用"批评"，让批评与表扬在教育学生时相辅相成，同放异彩。

教师在批评学生时，应掌握一定的方法从而使批评更易接受。

一、设问诱导

学生偶有缺点错误，教师切忌严厉训斥。刺伤学生自尊心的做法是愚蠢的。人人都要面子，青少年学生也是如此。所以有时明知学生不对，教师也不宜开门见山地批评，特别是不宜在大庭广众面前批评。笔者认为设问诱导则不失为一种批评教育的好方法。

二、正话反说

批评的话，学生往往听不进去。因此变换说话的方式，正话反说，使他们能够听下去，然后自己去思考，也是一种较好的批评方式。

旁敲侧击，也是正话反说的一种方式。在批评某种错误的认识、看法、做法时，在批评某种不良的习惯、不良的嗜好、不好的风气时，不直言其事，而是借助寓言故事、历史典故、轶闻传说，讽喻说理；或借助批评类似现象，引起对方的联想、比照；或讲个小笑话，启发对方去思考，都是旁敲侧击式。这种批评方式，既可增强批评性谈话的说服力，也使谈话轻松、风趣、幽默。在班会上，用这种方式来批评一些有共性的问题，往往可以收到比直言批评更好的效果。

三、把批评换成鼓励

擅长教育人的老师，他们的一个秘诀就是少批评多鼓励，尽量把批评的说法换成鼓励的表达方式。用一种委婉的方式，学生更易认同。

四、引而不发

引导批评对象思考反省，进行自我教育，不包办代替，不乱扣帽子。学生在扪心自问时，就会感到老师对他的爱护和教诲，领悟到老师相信他有自我认识的能力。

五、分析利弊

分析利弊，实质是分清是非，帮助学生提高认识。认识提高了，学生会自觉地改正缺点错误，其效果是任何训斥和处分所不能比拟的。

六、给批评加点润滑剂

有人说过，幽默可以成为批评者和受批评者之间的润滑剂。

德国著名演讲家海宗海茵兹·雷曼麦说："用幽默的方式说出严肃的真理，比直截了当地提出更能为人接受。"在进行批评的时候，教师要搭配着用点润滑剂。

七、学会使用"缓释胶囊"

发生冲突时，请先服用"缓释胶囊"，然后再开口批评。师生之间的剧烈冲突，时有发生。这时教师往往容易动肝火，进而严厉批评学生。一改平时和蔼可亲的常态，训斥、挖苦、嘲讽起来，结果适得其反。当剧烈冲突发生时，请先服用"缓释胶囊"——"我是教师"。先在心里反复提醒自己：我是做教育工作的，学生的错误我也有责任，是我没有把

学生教育好。用这种方法让自己冷静下来，然后再针对性地解决问题。

不可否认，适度批评也是一种教育，它会在特定条件的教育中发挥一定的积极作用。但正如中国青少年研究中心副主任孙云晓强调的：教育批评是一把双刃剑，是一种危险的、高难度的教育技巧。既然如此，我们在使用手中的权利之前，是否该三思而后用？问问自己是否伤及学生的权利？是否已掌握了这种教育技巧？是否还有更好的可以替代的方法？如果学生是一面"响鼓"，又何必要用这把"重锤"敲？出错误规，其实是学生成长过程中不可避免的"印记"。尽管宽容难以完全避免对罪错的迁就，但我们仍不同因噎废食，因为在教育中，宽容比惩罚更具有力量。

教育学生应注意的问题

一、教育要因人而异

教育的方法多种多样，但不是任何方法都可使用在同一学生身上。这时教师应根据学生的个性爱好，因人而异，采取不同的教育方法。

（一）耐心询问法

这种方法适合性格比较内向，不善言谈的学生。因为这类学生害怕与人交流，把自己束缚起来，有时教师应耐心地询问，但询问不是"讯问"，教师的语言要亲切，态度要和蔼，让学生解除顾虑。单独谈心更能取得学生的信任，学生自然而然就会敞开心田，倾心而谈。

（二）对比参照法

对脾气倔强、常犯错误的学生采取这种方法。因为这部分学生容易产生自暴自弃的心理，教师就采取"参照式"进行"横向"与"纵向"的对比，直接剖析问题的实质，深入浅出，进行指导和引导。他们认识到自己的缺点和犯错误的原因及所犯错误的危害性，进而增强改过的信心。不过，谈心时，教师态度要严肃认真，鼓励与批评要适时，一定会取得良好的效果。

（三）争论答辩法

这种方法适合善于健谈的学生。为此教师应做好充分的准备，尽可能把学生所要"诡辩"的理由厘清，理顺，并做出反驳的思想准备。当然，争论答辩，并不是和学生"打嘴巴"官司，而是尽可能让学生多发表意见，让学生在争论中明白道理，最终达到以理服人的目的。

总之，细致耐心的谈心是师生进行沟通的最好方法。所以，教师要认

真研究，不断探索，把握与学生沟的艺术与技巧，以便把工作做得更好。

二、教育要因地，因时而异

一定的场景，可以使人能进行和谐的谈心、沟通，比如说可以走出户外，漫步在操场、河边、树林道，呼吸着新鲜空气，边走边谈。这时候，教师可以心平气和，或鼓励或批评或激发，学生都能接受，无论是待进生，还是优等生和失足学生，他们都能坦诚相待，畅所欲言，效果会很好。切忌在气头上与学生谈心，因为在气头上，往往言辞激烈，态度生硬。学生不易接受，结果往往适得其反。

三、说话的方式

教师的天职是教书育人。因此，教师和学生经常在一起，难免会遇到一些令人气愤甚至使人不能忍受的事情。有的学生不遵守纪律、有的学生任性顶撞老师。

所以对这些事情的处理要掌握一些方式方法，特别是在语言上。学生的逆反心理本来就很强，如果教师说出一些过气过激的话，可能会使学生在人格和感情上受到伤害，反而产生更加抵触的情绪。

1. 多尊重少威胁

学生的心是一个晶莹的玻璃球，稍不小心就坠地破碎，特别是差生。"全班最笨的就是你，又是倒数第一，下次再这样你就不要来学校了。"这种挖苦的话语是对学生的羞辱和威胁，只会增加学生对老师的怨恨，学生的学习及其他方面更会越滑越远。

其实，差生的自尊心也很强，我们不要动辄就威胁学生，而应多捕捉他们的闪光点，不管是在哪方面有了一点儿的进步，我们都要给予或者当着全班学生进行表扬，使差生看到一点希望的曙光，增强追求上进的信心。

2. 多关爱少记账

"你这样做已经是第五次了，再有下次就……"这种记账式的教育，学生根本就不在乎。反而心里会想：无论我怎么做你就是不喜欢我，在你眼里我就是一个坏学生，反正已有这么多次了，无所谓了。其实，每个学生都想表现自己而引起老师对他的注意。对于这样的学生，我们要探其原因，不能一股脑儿地训责学生。

因此，我们在课上应多以微笑、关爱的目光投视学生或走近轻抚一下学生的脑袋，让其觉得老师每时每刻都在注意、关心、爱护自己。因而学习也更有信心，也不会做让老师生气的事情了。

第四章

肢体语言艺术

眼神是心灵的语言

芬夫·瓦多·爱默生说："人的眼睛和舌头所说的话一样多，不需要查字典，却能够从眼睛的语言中了解整个世界。"科学家在研究胚胎发育的过程中发现，眼睛实际上是大脑在眼眶的延伸。"一身精神，注乎两目"，眼神，首先就在于表现教师自身的精神状态，自我意识，自我情怀；其次，教师凭借敏锐的目光，观察学生的行为，观察学生的表情，获取从学生行为、表情中反馈过来的信息，一方面及时地调节教学内容、教学手段；另一方面，又通过眼神调控学生的行为和情绪。譬如，当少数学生交头接耳，窃窃私语时，教师丢去一个眼色，这样可以制止这种行为继续发生；在期待学生回答问题时，有的学生嘴巴嚅嗫，却又没有勇气站起来。教师投去赞许的目光，这是一种鼓励；当学生出现了偶尔的失误，暂时的失败，教师亲切的目光，却包含了无以言表的鞭策与信任。看看一位后进生是怎样在感受教师目光中进步的。

期中考试成绩公布了，我的总分在全班42名同学中排在倒数第一。老师刚念完成绩，我的眼泪止不住，像泉水般地直往外涌，接着就呜呜咽咽地哭起来。老师把我叫到她宿舍里让我洗了脸，又说了很多勉励的话。临送我回家时，还深深地望着我说："××同学，我相信你会进步的！"她那信任、慈祥的目光给我增添了向上的勇气。不久的一次语文测验，我得了73分，虽然在班上才占个中上等，可老师却当众表扬了我。领考卷时，一看到她那充满母爱的柔和的目光，我顿觉一股暖流涌遍全身。我情不自禁地毕恭毕敬地向她深深地鞠了一躬。

教师的目光的确神奇，一个眼神，替代了教师的千言万语，一抹眼色，包容了教师多少教化！

教师的目光应该亲切自然，和善友好。教师在讲课时应该看着学生，形成交流，切不可眼光无神，目中无人。而且还要善于变化，以亲切自然为主，但也不排除严肃甚至冷峻的眼光。既有不断的全场巡视，又有局部的个别关注。前者使用的是虚眼，似看非看；后者使用的是实眼，看清看透。虚实结合，交替使用，通观全局，洞察入微，传情自然，调控灵活。一个教师口才再好，没有眼神的捕捉和配合，也得不到及时有效的表达；没有眼神的传送和帮助，同样得不到完整的、彻底的表达。

那么具体来说，眼神应该怎么使用呢？

（1）眼神的一般用法。眼神的主要作用是表示对对方的友好、重视、关心等意思。

例如，在课堂上，主讲教师对来听课的新同事不时以眼光注视，这是在对他表示一种尊重和友好，同时为这位新教师将来在学生心目中的地位做了良好的铺垫。

又如，教师在召开学生座谈会时，对那些坐得很远或没有机会发言的学生微笑着多看几眼，这样学生就会感到自己并未被忽视。

眼神也是调节沟通双方心理距离的手段。

例如，当沟通双方的身体距离较远时，可以用多注视对方的办法来拉近心理距离。相反，如果双方距离很近，尤其对方是一位同自己没有亲密关系的异性时，适当转移视线就可以使大家都不感到窘迫。

不同的眼神传递着人的不同心理状态。一般认为，视线朝下意味着紧张或怯弱懦，视线往左右岔开表示排斥或拒绝，笔直和凝视不动的视线有敌对的意味，或是受到了严重的打击，而视线喜欢略为上扬的人则充满自信并性格坚强⋯⋯

对许多教师来说，需要了解甚至训练一下自己的眼神，让自己的目光再灵动一些，影响力也再大一些。

（2）注视学生的艺术。在师生沟通中，师生之间面对面的谈话最为重要和常见。教师对学生的注视一般分为以下几种。

①严肃注视。这种注视的眼神集中在对方脸上以双眼为底线、上顶为前额的三角部位。视线一般要直，不能眼珠乱转，面部表情要严肃认真，目光要带有锐利感而不僵直。要学生认识自己的错误行为时，严肃注视可能让学生心灵震撼，吐露真情。

从犯错误学生的角度看来，教师的眼神往往包括威严、信任、诚意、希望等诸多信息，使他们不得不承认错误。

②关注注视。这种注视的眼神集中在对方脸上以两眼为底线、嘴为下顶角的倒三角部位。目光以亲切、柔和、自然为主，表情不能过于严肃或随便，目的是让学生感觉到被注意或得到鼓励、接受良性暗示等，从而让学生能积极地思考和认真地与教师沟通。

③亲密注视。这种注视的眼神集中在以对方两眼为底线、下顶角为胸部的倒三角形部位。教师在与学生个别谈话时，除了以批评为目的，一般都可以使用这类注视，这样会使学生感到关心、体贴，产生巨大的温暖效应。运用亲密注视必须真正发自内心，出乎真情，不能矫揉造作，故作亲密，还必须注意学生的年龄和性别差异。

（3）消极眼神面面观。大致有以下几种。

①垂视。眼睑低垂、目光指向地面，使学生感到教师"拒人千里之外"，无意与自己沟通。

②漠视。毫无表情地面对学生，或冷淡、冷漠地注视学生，使学生感到教师瞧不起自己，产生自卑感。

③侧视。侧目视之，又称"斜视"，使学生感到教师对自己有鄙视和轻蔑感。

④盯视。目光不流转，甚至伴随瞪眼、不眨眼睛，在带有一定威慑力的同时很容易引起学生的不安和害怕。

⑤怒视。在瞪大眼睛盯视的同时伴有眉毛竖起、牙齿咬紧等愤怒表情，如果再步步逼近学生，又可称为"逼视"。这种眼神会引起学生巨大的恐惧，对他们的心理产生伤害，同时，可能引起学生严重的对立情绪，甚至发生冲突。

除一些特殊情况外，教师一般都要尽量避免使用上述消极眼神。总而言之，在教师的身体语言中，眼神是非常重要的。眼睛是心灵的窗户，眼神是心灵的无言之音。学生在学习过程中，能够从教师的眼神中读懂多样的信息：喜爱或讨厌、表扬或批评、信任或怀疑、亲近或疏远等。教师的眼神透露出对学生的所有态度，一个成功的教师，一定要善于运用眼神。

手势是辅助的语言

人的手是能说话的，据学者研究，手势与表情结合，可传导信息的 40%。教师的手势作为讲课的辅助手段，是在讲出某句话，而这句话又需要增强表现力的一瞬间做出来的，是与语言同步进行的。

在教育和教学中，手势的表达功能从总体上看，可大致分为四类。

其一，象形性手势。用以摹形状物。陈望道先生在《修辞学发凡》中说："在视觉所不及的范围中的事物，便要应用描画的态势来表示。"而

手势是最适宜于描画的。如用手比画某人有多高，某棵树有多粗，某个西瓜有多大，某本书有多厚，等等。这类手势可以把不在视觉范围内的事物表现得形象可见。

其二，情意性手势。用来表现特定的情意。

其三，象征性手势。用来表示抽象意念。如列宁演讲时，常常左手插在背心前部或腰间，右手果断有力地向前推出，显示出必胜的信念。

其四，指示性手势。用于指示具体对象，引起听话人的直接感知和注意，如讲课时手指向挂图或实物、模型的有关部分进行说明。

教师在课堂上运用手势必须准确得体，一定要有助于表情达意，增强表达效果。切忌手势过多过杂，更不要用过分夸张或含义模糊的手势去分散学生的注意力或使学生摸不着头脑。

由此看来手势语的运用显得很复杂，然而只要指出教师几种常用手势语时应注意的问题，一般都可以举一反三地灵活运用。

（1）手指的运用。拇指向上是表示肯定、称赞、首屈一指等意义，用时必须和面部表情密切配合，否则有应付或讥讽的意味。但切忌用大拇指指向身体外侧并晃动几次的手势，因为这一手势表达的是严重的蔑视，会大大损害教师本人的形象。

食指也许是使用最多的手指，但切忌用食指向学生做斥责性的上下点动。另外，蔑视性地伸出小指伤害学生的自尊心也很不可取。

（2）手掌的运用。单手上抬，指向某个学生，可表示介绍或请求发言的意思。双手上抬、掌心向上，除表示起立外，在与学生谈话时可表示自己的诚恳。亲切温和地招手，恰到好处地带头鼓掌等都是积极的体态语，而讽刺性地鼓倒掌、宣泄性地拍桌面都不会收到好的教育效果。

（3）双手与手臂的位置。与学生谈话时，教师如把双手随意相叠在身前或配以恰当的手势，学生会感到亲切、真诚与愉快。如把双手背到身后，会给学生盛气凌人、高高在上的感觉。因此，除监考、巡视时教师可适当背手外，一般不应该出现背手的现象。还有，双臂交叉护置于胸前，无论对教师还是学生来说，都是一种消极的肢体语言，应该尽量避免。

身姿是整体的语言

在教学过程中，不光要有流畅的语言，而且教师的身体语言也可以传达出不同的信息，从而产生不同的教学效果。

经常见到有的老师习惯于双臂交叉于前胸同学生面对面谈话，这种姿势会产生什么样的效果呢？也许大多老师没有意识到这一姿势的消极影响。有一个"身体语言培训班"做过这样一个实验：培训班任课教师要求学员用身体动作表示对某一事物或某个人的对抗和不屑一顾的态度，大家惊奇地发现，绝大多数学员采用了双臂交叉抱在胸前的动作。也许双臂交叉抱于前胸的动作看似自然、舒服，但它会使学生感到教师不屑一顾的态度，容易使学生产生对抗的心理。

通过人的身体姿态传递信息，在当今社会，不仅是"修身养性"的基本要求，还是用来表现仪表、传递信息的重要体态语言。

身姿对一个人整体形象的塑造有着很重要的作用。人的身姿与人的相貌有同等的重要性，并共同显示一个人的气质和风度。如果"站无站相""坐无坐相"，即使相貌再漂亮也会大打折扣。外表相貌是天生的，而身姿是可以通过后天的训练向理想姿态转变的。

身姿语言由两部分组成：一是指说话双方的空间距离，二是指各种不同的身体姿势。身姿语言运用的总体要求是：准确、适度，自然、得体，和谐、统一。

第一，准确、适度。所谓的准确、适度，就是要根据说话内容、说话环境、说话对象、说话目的的需要，准确恰当地运用身姿语言。

第二，自然、得体。要求身姿语言的运用不故作姿态，要适合自己的身份和交际场合。无论是从审美的角度，还是从表达功能的角度，身姿语言的运用都要自然、得体。要做到既符合审美的原则，给人以美感，又要符合特定的情况。

第三，和谐、统一。包括两个方面：一是身姿语言和有声语言要配合统一，才能准确地表达自己的思想感情和愿望，否则，就不能收到期望的效果；二是各种身姿语言要求一致而协调，要有整体观念，表情、手势、身姿不仅要配合有声语言，它们之间也应该是相互配合的。

除此之外，教师在和学生面对面交流时，还要注意以下几方面的内容。

（1）身体的指向可分为面对面、肩并肩、V字形等几种类型。面对面的指向通常表示一种使正在进行的交流不被打断的愿望，交流双方的关系要么亲密、要么严肃或敌对；用肩并肩的指向坐下，互相转头对视，可造成一种"促膝谈心"的良好氛围；V字形的指向最为灵活也最常用，

可表达多种意义。

（2）身体的倾斜度。在与学生面对面谈话时，教师的身体适当向学生倾斜可以使谈话变得更融洽。但如果倾斜的角度在75°以上，则会演变成一种压力。因为这样已侵犯了学生的个人空间，其表达的意思可能是："我不相信你""你最好讲清楚"，或"你最好同意"。如果要让学生减轻压力，使他们能放松地与你交谈，教师可向后倾斜一点，但不能向后倾斜太多，因为太向后倾会给人对谈话不感兴趣的印象。

（3）人际距离。一般把人际距离分为四种：亲密区（45cm以内），这是拥抱、说悄悄话的距离；个人区（45cm—120cm），这是朋友等交谈的距离；社交区（120cm—350cm），这是团体讨论、宴会交往的距离；公共区（350cm—750cm），这是途中招呼、摆手致意的距离。教师要根据师生间的熟悉程度，不同的情境，学生的年龄、性别、个别差异，等等因素灵活运用。

（4）方位与角度。教师与学生在沟通中分别坐什么位子，互相处于什么位置与角度，会直接影响沟通的效果。以上身体语言的几种要素须配合起来运用，不能机械地理解和套用。

由此看来，身姿语言在教育和教学过程中也是十分重要的，所以教师要善于发挥身姿的形象功能和情意功能，配合有声语言以更好地传授知识、表达感情。

微笑是最美的语言

德国哲学家康德说过："人是能够笑的动物。"笑，是人与动物的区别之一。微笑是人的积极面部表情的集中体现。

微笑是一种表情，是积极心态的反映。微笑不但能够保持自己良好的外在形象，而且也影响着自己和别人的情绪体验。真诚的微笑能够调节体内的荷尔蒙，体内产生的氨多酚，能够让人由内而外释放出愉悦的光彩，由此，微笑是一种传播快乐的过程。

在了解微笑之前，让我们先了解一下面部表情吧。

一、面部表情

表情是一个人的晴雨表，也是教师开展课堂教学的晴雨表，是课堂中最直观，最富有生机、活力，最有魅力的教具。表情在很大程度上决定着教师教学效果的好与坏，学生学习效率的高与低。

教育有别于其他行业，因为教师的服务对象正处于发展之中，他们的举手投足都会对学生产生影响。教师积极、阳光般的外部表情能使他们心情愉悦，愉快地投入学习。而这种愉悦又是可以相互传递的，会形成一个良性循环。如教师精神饱满、神采奕奕地站在讲台上，学生心情自然会愉快，知识接受得也快，思维也变得敏捷，并能提出有质量的问题，还可以积极地解决问题，反过来这又对教师产生了积极的影响。这样一来。教学目标的达成度就高。相反，如果教师带着一幅沮丧的表情，或者是走进教室看到不顾眼的事情就大发脾气，大声训斥学生，使学生一个个心理紧张，不敢吭声，教室就真的成了教师唱"独角戏"的舞台了，而且绝对是"顶着大鼓唱戏——费力不讨好"。这在很大程度上会影响教师自身能力的发挥。

马卡连柯说过，他是在直到学会了用15到25种语调说出"走过来"这句话，并学会了在面部、体态、声音上表现出30种不同的情调之后才成为真正的教育能手。教师的表情是极其丰富而多变的，不光是面部表情，还包括声音及肢体的表情。每一种表情都对师生关系的发展，对教学目标的达成起着重要的作用。从这个意义上说，教师的表情就是一个交际工具，通过表情与学生交流感情与信息。例如：课堂上有学生开小差，教师故意提高声音，以警醒此类学生；某个学生回答问题很经典，除了口头表扬（"你很棒"等），还可以报以微笑、竖起大拇指等。而学生也能从老师的眼神、手势、体态和声调上的种种变化，觉察出老师对自己的评价和态度，从而调整自己的学习行为。因此老师的表情很重要。

作为老师，我们该用什么样的表情来面对学生呢？太过严肃的表情让学生敬而远之，课堂气氛也因此会紧张、沉闷起来；眉飞色舞的表情，看似生动亲切，但会显得夸张做作，又容易让学生"走神"；太过花哨的表情容易分散学生的注意力，盖住了学习本身的精彩。所以，教师的表情应适中，不夸大，贴近本节课的教学内容，并根据教学进程及内容的变化进行相应的调整和变化，该严肃时则严肃，该舒缓时则舒缓。

二、微笑的魅力

微笑是最具魅力的，老师的微笑可以使学生心情愉悦；老师的微笑

可以给学生增添信心；老师的微笑可以激发学生的学习兴趣；老师的微笑可以打开学生封闭的心扉；老师的微笑同时让自己收获幸福！老师的微笑，展现精彩。

爱是教育的前提，教师对学生的爱，拥有强大的教育力量。心理学研究表明：学生总是趋向于模仿爱他与他所爱的教师。教师给予学生真诚的笑容，会使学生产生良好的情感体验。而借助这种情感的触动与催化，教师易于将学习的要求与愿望转化为学生自身的要求与愿望。

所以教师要笑对每一个学生，奉献出所有的真心和爱心，微笑地鼓励、欣赏他，真心地关心、爱护他。无论课内课外，都要努力关心他们的情绪变化，了解他们的思想和心理，及时地给予表扬、给予安慰、给予提醒……还要想方设法让他们快乐起来，也促使他们以乐观积极的心态对待学习，对待生活，那么，学生回报你的将是亲近你、听从你、关心你、爱戴你。

如果一个教师每天都是春光满面、笑容可掬，那你的微笑一定会牵动许多学生，成为学生提问、倾诉、聊天、交流、求助的"亲人"，成为一个受学生欢迎的人，成为一个有魅力的人。

其实，微笑不应该仅仅是教师一种脸部表情的符号，它还应该是教师内心感情的自然流露。那种虚情假意、皮笑肉不笑的"包装"式微笑，只能一时迷惑学生。只有当你由衷地热爱学生、尊重学生时，尽管你的脸上并没笑意盎然、笑口常开，但学生那颗敏感的心依然可以"读"出你内心的微笑，这种微笑才真正具有穿透力，可以激动人心。

微笑是获得学生信任的最快途径。我们都知道这一点，在生活中也总是努力地实践着。但是另一方面，有一些老教师总爱迫不及待地这样建议新教师："不论做什么，不到圣诞节就不要冲学生微笑。"一些年轻的老师轻易地就采纳了这条建议，结果很快遇到了麻烦。请你想象一下，整天待在一间教室里，面对一位脸上没有一丝笑容的老师，学生会有什么样的感觉？再想象一下，一年到头都不笑，一直捱到圣诞节又会是什么感觉？

无论从哪方面来说，作为一种积极的表情，微笑的理由是很充分的。保持微笑至少有十大理由：（1）微笑比紧皱双眉要好看；（2）可以使别人心情愉悦；（3）令自己的日子过得更有滋有味；（4）有助结交新朋友；（5）表示友善；（6）留给别人良好的印象；（7）送给别人微笑，别人自

然报以你微笑；（8）令你看起来更有自信和魅力；（9）令别人减少忧虑；（10）一个微笑可能随时帮你展开一段终生的情谊。

作为教师，他的微笑拥有着无穷的教育魅力。教师微笑着面对学生，能给学生一种宽松的师生交往环境，能使学生感受到教师的理解、关心、宽容和鼓励。教师的微笑是腼腆学生的兴奋剂，使他们得到鼓励，敢于大胆地表达自己；教师的微笑是外向好动学生的镇静剂，使他们得到及时的提醒，意识到自己的言行需要控制和自律。教学工作中教师的微笑能够活跃课堂气氛，让学生的思维活跃，情绪也活跃；德育工作中教师的微笑是对不良行为的理解和宽容，引起学生的自我反思和觉醒，是对良好行为的鼓励和赞扬，激励学生不断努力和进步。教师的微笑和严厉同样重要，但相比之下，微笑更平和、温和，更可亲、可爱。严厉的教师令学生敬畏，微笑的教师令学生喜爱。善于在严厉中时时渗透温暖微笑的教师，就会令学生敬爱。

微笑在师生交往中发挥着怎样的作用呢？

（1）表明教师心境良好。面露平和欢愉的微笑，说明心情愉快，充实满足，乐观向上，善待人生，这样的教师才会具有吸引学生的魅力。

（2）表明教师充满自信。面带微笑，表明对自己的能力有充分的信心，以不卑不亢的态度与学生交往，使学生产生信任感，容易被学生从内心上接受。

（3）表明教师真诚友善。微笑表示自己心底坦荡，善良友好，待人真心实意，而非虚情假意。使学生与教师交往自然放松，不知不觉地缩短了心理距离。

（4）表明教师爱岗敬业。在工作岗位上保持微笑，说明教师热爱本职工作，乐于恪尽职守。如在课堂上，微笑更是可以创造一种和谐融洽的气氛，让学生感到愉快和温暖。

微笑不仅对师生的关系起着重要的作用，而且在教师的人际交往中也是必不可少的。教师微笑着面对同事，校长微笑着面对教师，有利于构建合作型的同事关系，有利于营造一种积极向上、追求卓越、合作团结的发展型组织。用微笑去赞美同事和领导，用微笑去化解误会和冲突，用微笑去谋求合作和互助，用微笑去交流思想和灵感，你会体验到教育的巨大幸福，你会少些焦虑、困惑和无助，多些理解、支持和帮助。

那么，怎样获得一个迷人的、有影响力的微笑呢？不妨按照以下3

个步骤练习：第一步，对镜子摆好姿势，说"E——"，让嘴的两端朝后缩，微张双唇；第二步，轻轻地浅笑，减弱"E——"的程度，这时可感觉到颧骨被提向后上方；第三步，相同的动作反复几次，直到感觉自然为止。

微笑要注意三个结合。一是与眼睛的结合。当你微笑的时候，你的眼睛也要"微笑"，否则，给人感觉是"皮笑肉不笑"。眼睛是心灵的窗户，眼睛会说话也会笑。如果内心充满温和、善良和厚爱时，那眼睛的笑容一定非常动人。眼睛的笑容有两种：眼形笑和眼神笑。二是与语言的结合。平时工作中我们不要光笑不说，或者是光说不笑。教师面对学生时，应微笑着说："请""你好""继续努力"等礼貌用语。三是与身体的结合。人们常说，肢体语言也是传递信息的一个重要方面。微笑与正确的身体语言相配合时，才会相得益彰，带给学生最佳的影响。

真正的微笑应发自内心，渗透着自己真实的情感，表里如一，毫无包装的微笑才有感染力，才能被视作沟通的"增效剂"。

微笑是大自然赐予人类化解烦恼的最佳方式，微笑的感染力是相互的。医生的微笑是一种坚定；患者的微笑是一种信心；军人的微笑是一种保证；教师的微笑是一种欣赏。

教师是一份极为特殊的职业，必须要发挥微笑的魅力。因为教师每天面对的是一个个向往未来与有着崇高理想的学生，其一言一行对学生都起着潜移默化的影响。对于学生来说，老师的一个微笑，能够使他们感受到，老师的心与他们的心是相连的。老师带着微笑走进课堂，能给学生一种强大的亲和力，而这种亲和力必将会使老师的魅力倍增，也会给学生带来巨大的学习兴趣和学习动力。

曾有这样一个真实的故事。一名学生因为学习成绩特别差，喜欢破坏纪律，被老师安排在特殊座位，一排一座。于是他也破罐子破摔，更加调皮。后来来了一位教数学的新班主任，他对这个小"调皮大王"特别关爱，每次上课都喜欢对他笑一笑，摸一摸这个学生的头。老师这不经意的一笑一摸，却给这个学生带来了自豪感、荣誉感。从此，他就对这位老师颇有好感，并爱屋及乌地喜欢上了数学，这个学生就是大数学家陈景润。功成名就的他总会记起那温柔的微笑、欣赏的目光和那份特殊的关爱。

许多优秀的教师，他们外表虽不同，但却都拥有那亲切而又令人难

以忘怀的微笑。那微笑如春风，催开了学生智慧的蓓蕾；那微笑如纽带，沟通了师生之间的心灵；那微笑犹如军号，带给学生信心和力量；那微笑宛若阳光，照亮学生对理想的追求！

那么微笑到底具有什么样的意义呢？

（1）微笑是一种信念

教师一进课堂，就要抛开杂念，甩掉一切烦恼，集中精力，精神饱满地进入角色，事事处处站在学生的角度考虑问题，与学生平等对话，用和蔼可亲的目光温暖全体学生，以微笑面对学生，让他们感到自己是被重视、关心的，从而也快乐地进入自己的角色。

（2）微笑是一种活力

教师面带微笑出现在课堂上，会给课堂带来生机，增添活跃的气氛，师生之间会消除心理顾虑，有种亲热、容易贴近之感，使学生亲其师，从而信其道。

（3）微笑是一种鼓励

成功的课堂一定有笑声，有笑声也就会放松，课堂中教师把期望用微笑的方式传递给学生，学生就会受到鼓舞，从而发奋克服学习中的种种困难。

（4）微笑是一种关爱

教师要用微笑来赢得学生的微笑。一个慈爱的眼神，一次轻轻的抚摸，一份小小的礼物，都会使学生如沐春风，如浴时雨。老师的每个动作，包括手势、表情、眼神对学生都是无声的教育和示范。有时老师一个慈祥的微笑、一个赞许的目光、一句亲切的话语，都会在学生心中激起小小的涟漪。有人比喻师爱胜过母爱，的确，师爱比母爱更伟大、更崇高。教师不但用博大的爱去关怀学生，还要用爱的力量去感化学生，指引和带领学生走上成才之路。

（5）微笑是解决问题的良药

微笑是解决问题的良药。教师面带微笑进课堂，带着快乐的心情上课，不仅有益于自身的健康，还会把这种心情自然地传递给学生，让学生拥有阳光般的心情，可以快乐地学习。学生因此才会感受到教师对他的关爱，感受到教师的和蔼可亲，进而才会不由自主地想起来，说起来，动起来。

沉默是一种无声的语言

哲学家说：沉默是一种成熟。思想家说。沉默是一种美德。教育家说：沉默一种智慧。艺术家说：沉默是一种魅力。科学家说：沉默是一种发明。我们知道，在人际交往当中，沉默是一种难得的心理素质和可贵的处世之道。

很多时候我们都需要沉默这种无声的语言。取得成绩的时候需要沉默，面对成绩和掌声，成功者报以深深的一鞠躬，这是恰到好处的沉默；遭受挫折的时候需要沉默，在失败和厄运面前，拭去眼泪，咬紧牙关，默默地总结教训，然后再投入新的战斗；等待时机需要沉默，造化总是把机会留给有充分准备的人，怨天尤人无济于事，不断充实和完善自己才是可靠的；承担痛苦的时候需要沉默，如果亲友沉浸在不能自拔的悲伤之中，此刻，无论你说什么，他都听不进去，那就默默地陪他度过一段时光，默默地为他做一些事情；沟通心灵的时候需要沉默，不是随便打断对方的话，而是善于倾听，在倾听中汲取智慧，弥补纰漏，建立信任，产生满足。

"少说话、少评论、少批评"，牢记"沉默是金"，才能更好地应付复杂的人际关系。

对一位教师来说，沉默有时也可以成为一种巧妙而有力量的语言。在课堂教学中恰当地选择沉默，有着其特定的作用。

（1）沉默具有控场作用。上课铃响了，教师也进教室了，但学生仍然喧闹不止，教师默不作声数十秒，肃立讲台，伴之以严肃的目光直视或环视学生，很快，课堂便会安静下来。教师正津津有味地讲课，下面有两个学生却在叽叽喳喳聊天。教师突然沉默，并走向那两位学生，这一行为引起全班学生的注意，在众目睽睽之下，这两位学生立刻停止了谈话。

（2）沉默具有强调作用。教师讲课时，若要强调或突出某些内容，便可在此之前突然有意停顿一会儿。然后，再以适当的语速讲解后面的内容。这样既能引起学生的注意，又可以让他们急切地想知道教师下面将要讲什么。

沉默的作用还有很多，在这里我们不一一赘述，各位教师可以在实践中慢慢体会。

体态语言的误区

凡事有度，运用体态语言也不例外。

我国科学家严济慈说："从某种意义上说，讲课是一种科学演说，教学是一门表演艺术……一个好的教员要像演员那样，上了讲台就要'进入角色'。一方面要用自己的话把书本上的东西讲出来；另一方面你可以'手舞足蹈''眉飞色舞'，进行一场绘声绘色的讲演。这样，学生就会被你的眼色神情所吸引，不知不觉地进入探索科学奥秘的意境中来。"诚如严济慈先生所说，体态语言运用得精彩，讲者必定进入角色，手舞足蹈、眉飞色舞、绘声绘色，给人以表演艺术的美感。伴随着成功的同时，失误也会在所难免地产生。

教师语言的失误主要有以下几种。

一、不自然

初上讲台的教师由于心情紧张而显得手足无措，任教多年的教师由于刻意求新而显得不伦不类，参加赛课的教师由于环境陌生而显得拘谨不安。诸如此类，都是教师体态语言不自然的表现。

造成不自然的原因，主要是准备不充分，在学生面前一站则有不踏实的感觉，尤其是当出现了意外情况时，更是六神无主。此外，还有就是对体态语言重视不够，认为那是可有可无的，甚至觉得是画蛇添足。当然也有的是没有教学经验，刚参加工作的教师为了使课堂气氛活跃、或掩盖自己的紧张心理便做出了种种很不自然的表情动作，给人以生硬、做作的感觉。避免体态语言的不自然就要在备课时和平时有意识地增加体态语言的训练，表达方式，尤其是眼神、手势的训练，而且要对在课堂中解决难点、突出重点时用什么样的体态语言配合话语，都应心中有数。

二、不明确

许多体态语言，如微笑、抬手、专注的眼神和摆动的身体等抽象地看都具有多种含义，但在某一个特定语言环境中，它又只能是一种含义，特别是一些指示性的体态语言。如用手势指你、我、他或上、下、左、右、前、

后等必须动作到位，具体明确，而不能随便挥一下手就了事。具体来说，如指示视力所及的范围则可用食指明确指示，指示遥远的地方则可手心向上、手臂平伸出去来表示，这两种手势不能混淆。

三、不简练

"简练是才能的姊妹"，有声语言如此，体态语言更是这样。不简练主要表现在：眼神游移不定，时左时右，时上时下，让人不明白眼神究竟要盯在哪里，要传达什么样的信息；表情始终是笑容可掬，尽管教师应多用微笑的表情，却不分喜怒哀乐，将本应丰富变化的表情，全让"笑"代替了；手势、动作太多，给人以手舞足蹈、眼花缭乱之感。有的教师来回一直走，在学生与讲台之间穿梭，这样势必喧宾夺主，减弱了教学主导语言的力量。还使学生的视觉容易疲劳，接受了过多的形象信息，分散了学生的注意力。还使学生没有足够的时间理解、消化教师所讲的内容，更难形成师生之间教学信息的"输出←→反馈"的良性循环。怎样才能有效地避免体态语言的烦琐呢？一是加强教师的业务进修。深钻教材，精心备课。做到以缜密的逻辑推理、鲜明的教学主题、流畅的讲解语言来达到教学目的。唤起学生学习的积极性，而不是奢望于靠表面的手舞足蹈来造成人为的"生动、活跃"的课堂气氛。二是，加强有声语言的训练，增强语言的准确、鲜明、生动等表现力、吸引力和穿透力，而不能存在什么"有声语言不足，体态语言来补"的错误认识。三是，对于体态语言多而滥的教师，应格外注意每次讲课应相对固定站在一个地方，加强与学生的正面目光交流。

四、不文雅

每个人说话都有体态语言，而作为学生的心灵的美化者、知识的播种者和品德的引路人，教师的体态语言必然体现出教师职业的特点以及个人的文化修养。因此，教师的体态语言就一定要有儒雅的风范、文静的气质，给人以高雅而脱俗、规范而得体的美感。但是，有的教师的体态语言缺乏高雅、沉稳之感，粗俗鄙陋，难登大雅之堂。而且讲到得意之处，禁不住摇头晃脑，唾沫横飞；讲到"卡壳"之处，则面红耳赤，抓耳挠腮；甚至有的双臂撑在讲台上，或一只脚蹬在讲台上。而在上课时抽烟，整理身上饰物，随地吐痰，则是明显的不文明动作。

五、不美观

体态语言在审美上应该具有雕塑般的艺术效果，这是最困难的一点，然而作为一个优秀教师又是不得不具备的。遗憾的是，现实生活中，许多教师却并不看重自己在学生面前的一些微小细节。例如：女教师头发没梳整齐，批评学生时一副张牙舞爪的样子；男教师裤管一只高、一只低，穿拖鞋、背心在校园里走来走去；有的教师常常一副愁眉苦脸的样子，时常显得无精打采，精神萎靡不振；有的教师体态语言有气无力，挥手、抬手、握拳等动作不到位。这样的体态语言又怎么能塑造教师美好的形象呢？那么教师应该如何避免这些消极的体态语言呢？避免肢体语言不美观的方法有二：一是使用肢体语言时必须情感饱满，人只有在饱含情感的状态下，运用体态语时，才能使眼神炯炯有神，笑容满面春风，手势富有力度；二是动作要到位，切忌拘谨、萎靡，否则不伦不类，甚至令人恶心，动作的预备、发出、收回全过程必须有板有眼地完成，预备运足气势，发出到位有力，收回干脆利落。

概括来说，肢体语言的表达要尽量避免消极的身体语言；避免抓耳挠腮、摸眼、捂嘴等具有说谎嫌疑的动作；避免双臂交叉在胸前或者倚靠在门上，因为它表示抵触、抗议、不屑一顾、防范、疏远的态度；避免腿脚随意抖动，因为它告诉人们你内心紧张、不安或玩世不恭。而要尽量采取积极的身体语言，例如：身体的接触，传递亲和力；交流时与对象的距离适当缩短，以增进情感距离，但对成年异性则要保持适当的身体空间距离；倾听时身体前倾，目光全神贯注，表达对对方的尊重、理解和关心。还有一些身体语言也是需要适当采用的，例如：倾听时把手放在脸颊，意味着你在倾听的过程中正在分析和评估对方所说的话；把手放在下巴上，则表示正在考虑对方的意见；双手指互对并指向上方，表示出自信；眼睛迅速上跳，表示对对方的话很兴奋。人体是一个巨大的信息库，一旦动起来，就意味着全部思想的流露。

总之，体态语言作为教师语言的有机组成部分之一，尽管它很少独立使用，只是辅助有声语言来传情达意，或许正是由于它的独特性，因此我们在运用时就应格外谨慎，要因少用而显其精，不因多用而显其滥，不因用之不当而显其俗，不因用之不美而显其丑。

第五章

扣造教学语言风格

自然质朴

所谓教学语言风格，是指教师在长期教学实践中，逐渐形成的富有成效的、一贯的、独特的语言气氛和语言格调，是教学语言个性化的稳定状态之标志。由于教师的主客观因素纷繁复杂，教学语言风格多种多样，现在就其中最常见的类型做一下介绍，以便更好地分析、认识、掌握其自特点及语言运用的规律，从而提高口语表达艺术和提高教学质量。

列夫·托尔斯泰说："如果世界上有优点的话，那么质朴就是最重大、最难达到的一种优点。"具备这种优点"难"就难在以事物原本的色彩显示一种自然的、质朴的美。教师语言艺术具有这样的优点更"难"，难就难在它不修饰、不雕琢、不渲染，却要显示教育教学语言的基本格调——不贫乏、不呆板、不单调。因此，朴实是教育教学语言风格的基本格调，质朴平实地叙事、状物、说理、析义，是一种没有丰富的教学经验、没有较高的语言修养便难以企及的语言风格。

这种教学风格的主要特点是，教师讲课亲切自然，朴实无华，没有矫揉造作，也不刻意渲染，而是娓娓而谈，细细道来，师生之间在一种平等、协作、和谐的气氛下，进行默默的情感交流，将对知识的渴求和探索融于简朴、真实的教学情景之中，学生在静静思考、默默吸取中获得知识。教师讲课虽然声音不高，但神情自若，情真意切，犹如春雨渗入学生心田，润物细无声，它虽没有江海波澜的壮阔，却不乏山涧流水之清新，给人一种心旷神怡、恬静安宁的感受。

自然质朴的风格主要表现在以下几个方面。

一、准确简练

教学是学校的中心工作，学生在校的大部分时间是在课堂上度过的，是在教师的指导下学习和生活的。教师在课堂上应具备驾驭课堂的能力，深入浅出剖析教材教学内容的能力，以及不失时机地启发和调控学生积极性的能力，而这些能力的体现主要是靠语言去传递。教师只有严格地、规范地、准确地使用饱含知识信息的教学语言进行教学，才能使学生掌握比较扎实的基础知识。所以教师不能信口开河地下定义，不能想当然地解释一个词语，不能含含糊糊地解释某一个定理，不能口气游移地讲说，

不能过多重复、废话连篇、拖泥带水。并且应该做到声音响亮，语义肯定，表达流畅，条理清晰，观点鲜明。一位教师上课习惯用"啊""这么""那么"等用词语，有次课上，一个学生竟数出了120多个"那么"，其效果可想而知。缺乏语言表达的准确和简练，会让学生感到空洞、茫然、了无趣味。

常用词语的运用是朴实这一表现风格的主要手法。大量地运用常用词语又有一个"准确"的前提。正如李准先生所说的："我觉得准确太重要了，首先是准确。准确了，就会产生一种质朴的美。"教师语言风格要达到朴实，首先，叙事说理要力求准确，阐释推导也要力求准确；其次，铺陈揭题要真实，抒怀析义也要真实。如同自描，寥寥几句，就可以把表达的内容准确真实地、自然平实地摆在学生的眼前。

二、遣词平实

教育教学语言，特别是教学语言的朴实是教学论所要求的，也是教学语言的基本格调。通常没有长串的、叠加的修饰和形容成分，在很大程度上表现出本色，即事物原本的、未经雕琢的色彩。教师语言要达到朴实，就要做到在遣词上力求平实。叙说时，不描摹，开门见山；解说时，不铺排，条理清楚；评述时，不渲染，观点鲜明；抒情时，不呼告，情在其中。有位历史教师在解析"秦朝灭亡"时，就充分显示了朴实的特征。

公元206年，刘邦率领起义军进入咸阳。继位只有46天的秦王子婴，乘白马素车，脖子套着丝绳，双手捧着玉玺，到城外躬身迎接，表示投降。至此，陈胜和吴广在大泽乡点燃起来的革命烽火，终于烧毁了想要万世一系的秦王朝。秦王朝不仅没能万世一系，到头来只落得个二世而亡，历史又翻开了新的一页。

这样的教学语言很少有青枝绿叶，却如实地将叙说对象秦二世的主要特征勾勒了出来。语言平实，去粉饰，无雕琢。

三、选用口语

口语突出的特点是质朴亲切，自然流畅，生动鲜活。教师在叙述、讲解、分析、推论时，适当地使用通俗晓畅、平实情真的口语词，貌似平淡无奇，却能平中见巧，淡中显奇。例如，我们都看过射击表演，靶场远端悬挂着一排气球。解放军叔叔端枪就放，气球炸了一个，又炸了一个，……那真叫弹无虚发！我们在电视屏幕上看过篮球比赛，啪、啪、啪，球员把球运到篮下，一个假动作骗开对方，随即纵身一跃，单手投球，"刷"的一声——二分，那简直是百发百中啊！还有卖肉的一刀准，卖糖的一把准……谁看了不羡慕呢？谁不希望自己也有一项专长？他们为什么有那么高超的技艺呢？在欧阳修的散文《卖油翁》里，我们可以得到启示。

上例是一位老师讲授《卖油翁》的导入语。运用平实而富有动感的口语，粗线条地勾勒出"射击场""篮球场""菜市场"中不同人物高超的技艺。特别是选择用恰当的语气词来模拟事物的声音，使语言具体、形象，给人"如闻其声，如见其形"之感，既有听觉感，也有视觉感。欣赏这样的语言，总觉得是似曾一般非一般。淳朴的思想、淳朴的人格蕴含在朴实的语言风格之中。

诙谐幽默

教师在课堂上一句生动幽默的语言，往往会激起层层波浪，它既是一种教学的艺术也是一种教学的风格。它能使师生之间的关系更加和谐融洽，从而缩小师生间的心理差距，引发学生学习兴趣，消除教学中师生的疲劳，振奋精神，改善课堂气氛，有助于培养学生乐观和开朗的个性和发展学生的创造力，使原本生硬的课堂在宽松的气氛中变得活泼生动起来。一位物理老师在讲爱因斯坦的狭义相对论时，学生一开始对这深奥的知识难以理解。这位老师就做了这样的解释：如果你和一位美丽的姑娘坐在一起一个小时，但你只觉得坐了片刻；反之，你如果是坐在一个火炉上，只坐片刻却像坐了一个小时，这就是狭义相对论的意义。这位老师用了一个形象生动幽默的譬喻，就把这个理论讲解得如此生动鲜明，因而教室里不时传来笑声，一节课很快过去了。这样一来教学效果非常可观。

这种教学语言风格的特点：一是用词精妙有趣，一个极平常的词由于用得巧妙就会既妙趣横生，又鞭辟入里，既使人忍俊不禁，又含意深刻，当人们收敛笑容时，便会领悟到其中蕴含的智慧和哲理；二是表达灵活、艺术，善用清新活泼的口语，善借修辞的表现手法把话说得新颖有趣。幽默的教学语言，能使学生在笑声中受到启迪和教育，能缩短师生间的距离，产生亲近感。特级教师林伟彤老师针对学生刚开始学写议论文，

而感到枯燥、难懂、不会写的情况做了辅导，他说，"议论文并不神秘，我三岁的小孙女也会作议论文。有一次小孙女说我最喜欢爷爷了（论点）。爷爷喜欢我，不骂我，给我买冰棒吃，还带我到儿童公园玩（四个论据），所以我喜欢爷爷（结论，与开头呼应）"。整个教室里充满了笑声，在笑声中学生理解了议论文的基本特征，消除了对写议论文的畏难情绪。

这类教学风格的教师讲课生动形象，机智诙谐，妙语连珠，动人心弦。一个生动形象的比喻，犹如画龙点睛，给学生开启了智慧之门；一种恰如其分的幽默，引来学生会心的微笑，如饮一杯甘醇的美酒，给人以回味和留恋；哲人的警句、文化的箴言不时穿插于讲述中间，给人以思考和警醒。听这样的教师讲课，学生心情舒畅、乐于学习，并在轻松、愉快和笑声中获得人生的启迪，获得心智的训练，变机械学习、被动模仿为心领神会、主动思考。对于调动学生学习的积极性和主动性而言，这的确是一种值得着力陶铸和追求的教学风格。

委婉含蓄

委婉含蓄是相对于直露而言。就是说教师在讲课时，在很多情况下不直接说出答案，而是借助相关、相似的事物加以暗示、启发，使学生通过想象、联想、思索去领悟答案。在这一过程中，因为教师说话的机智性、事物的生动性、领悟的曲折性等，给人的感觉是引而不发，欲说还休，意在言外，弦外有音。

在教育学生，对其进行评价时运用委婉含蓄的语言，既能保留学生的面子，又能间接批评学生，以期收到鼓励和劝勉的效果。一位班主任同一个早恋的女生谈心，为避免伤害其自尊心和产生对抗心理，教师对"早恋"二字只字不提，只是指着教室外面一棵果树说：你看，现在是早春，树枝上长满了花芽，这些花芽将来都要开放成美丽的花，再以后就会结出又大又甜的果实，但是你看，在枝头上早开了一朵花，现在还没到开花季节，没到开花季节开的花是一朵不结果实的花！学生听到这里，心里顿时明白了老师话里的含义，认识到了早恋的严重后果，从此专心学习。

显然，这是一段极富暗示性的教育语言。这位老师通过委婉含蓄的语言劝服了学生，使学生认识到自己的错误，并及时改正了错误。而且这样的语言也避免了对学生直接批评，从而维护了学生的自尊心。

具有这类风格的教学语言的特点是：词语具有极大的隐含性，隐性意义常超越显性意义；大多采用象征、拟人、双关、类比等修辞手法；而且还通过描景、叙事、论事等手段间接地表现本意。

通俗流畅

通俗是指口语表达的大众化，用语通俗，一听就懂；意义通俗，深入浅出，语言似小溪流水清澈见底，透辟明晰。霍懋征老师讲《桂林山水》中漓江的水"真静啊"时，是这样进行教学的。

师：我们看看，漓江的水真静啊，怎么静，读一读。

（生读："静得让你感觉不到它在流动。"）

师：江水是不断前进的，但是漓江的水使你感觉到怎样？是滔滔不断地前进吗？

生：不是，真静啊！

师：静到什么程度啊？

生：静得让你感觉不到它在流动。

师：你感觉不到它在流动，作者是在哪儿呆着呢？

生：作者在船上，而船在水上。

师：对，船就在水上，但作者却感觉不到水在动。叫不叫静啊？

生：叫。

师：真静啊！体会一下，真是什么意思？

生：真就是非常确切。

师：非常确切，确确实实是静。

霍老师对"漓江的水真静啊"这个特点的讲述，是运用谈话的方式，先引导学生与一般的江水去对比，后引导学生去体验。整个谈话进程如流水般通顺流畅，似漓江水一样清澈见底，不仅使学生体验到漓江水的静，而且唤起了学生的想象和联想，使学生集体地进入了具体的"真静啊"的境地。

感情真挚

学生的思想教育是一门说理的艺术，也是一种情感的艺术，在思想

教育的过程中，如果教师的语言出现粗暴、过激的词语，会让学生产生厌恶憎恨甚至逆反心理。"你再在课堂上捣乱，就出去！""你们再讲话，我就不上课了，另请高明吧""你一看就是个天生的大傻瓜，大笨蛋，你再不听话，就把你爹妈找来。""在课堂上是你说了算还是我说了算？今天我不制服你我就不姓张"。

这些话是教师语言的大忌，不仅收不到好的教育效果，还往往伤害了学生的自尊心，导致学生产生厌学、自卑情绪。教师在对学生进行情感教育时，要以挚爱宽容的态度，坦诚体贴诱导的话语，晓之以理，动之以情，把学生的情感倾向导向正确的方向。情动于衷而言于表，教师只有把心交给学生，学生才能把心交给我们，才能产生情感的共鸣。我们不妨把以上几种语言换种方式来说，比如"同学们，人的潜力是无穷的，相信自己永远是最好的""好好读书吧，父母亲正用期待的眼神望着我们""在老师眼中没有优生和差生的区别，只有进步和不进步学生的差别，希望你们都成为进步的学生，我们是师生关系也是朋友关系，希望我的学生青出于蓝而胜于蓝"。这些饱含深情，真挚亲切的话语无疑会给学生带来心灵上的抚慰，如春风化雨，润物无声。

任何优秀的教师无不是把自己对事业、对学生的诚挚高尚的爱熔铸在语言中，在他们的语言中倾注了真挚热烈的感情，从而唤起学生深刻的理性思索和强烈的情感体验。

这种教学风格的表现是，教师讲课情绪饱满，将对科学的热爱和追求融于对学生的关心、教导和期望之中，充满着对人的高度尊重的信赖。讲到动情之处，往往情绪高涨，慷慨激昂，滔滔不绝，扣人心弦，给人以震撼心灵的力量，引起学生强烈的情感共鸣。师生之间在理解、沟通的前提下，共同营造出一种渴求知识、探索真理的热烈气氛。学生在这样的教师引导下，所获得的不仅仅是知识的价值，还包括人格、情感的陶冶价值。

这种教学语言风格声发于情、意寓于情、融理于情，词与意、声与情协调呼应，达到词现意溢，言中有寓意，言外含深情，体物融情，细致入微的境界，给人以超凡脱俗之美。

于漪老师用充满激情的话语为《茶花赋》的开篇讲解：这篇散文是一首颂扬伟大祖国的赞歌。祖国，一提起这种神圣的字眼，崇敬、热爱、自豪的感情就会充盈胸际，奔腾欲出。我们伟大的祖国有几千年古老文明，

有 960 万平方公里的辽阔土地，有许多令人神往的名山大川，有以勤劳勇敢著称于世界的各族人民。每当提起这些，我们心中就会荡起热爱祖国的感情。

如此情深意长的话语自然点燃了学生热爱祖国之情的火苗，接着，她抓住教材语言中蕴含感情的词语，加以揭示，"难免"一词表达了作者久在异国他乡，抑制不住时隐时现的怀念祖国之情，"极""搁"两个字抒发了时而扬至高峰时而收入谷底的爱恋祖国的情感波涛。

教师内在情感的表露，带动了学生爱国的心潮，随着课文作者情感的波涛时而微波粼粼、时而汹涌澎湃，那切切的深情，那娓娓动听的吐诉，潜移默化，使师生共同沉浸在泛着爱国主义深情浪花的汪洋大海之中。

简约严谨

这种风格以简明扼要、言少意赅为特点，讲求语句的斟酌，以尽可能少的语言表达尽可能多的意思，并做到严谨周密，查无疏漏。表达中极少形容铺排，力戒冗词赘语。有时也用一些诸如省略跳脱、成分共用、短小的排比、精警的比喻等修辞手法。简约严谨的风格一直为古今教育家所提倡，《学记》中所谓的"约而达，微而臧，罕譬而喻"，实际上指的就是这样一种语言风格。叶圣陶先生也大力提倡教师的语言要简练周密。

请看下面两段话。

教师郝陵生上《原始社会》的教学实录：

原始社会分两个阶段：第一阶段是原始人群，主要有元谋人、蓝田人和北京人；第二阶段是氏族公社。前一时期是母系氏族公社，其典型，前期为山顶洞人，繁荣期是半坡氏族和河姆渡氏族。后一时期是父系氏族公社，其典型是大汶口文化中晚期。

简约严谨的语言风格往往也是通俗易懂，衔接天衣无缝的。

请看下面的案例。

我曾经在班上开展过一次关于"幸福"话题的口语表达训练，训练的目的是激活学生的思维，挖掘学生思想的深度，培养学生思考的严谨性。

主观认为，这样的训练意义是重大的，它不仅可以在日常生活中提升学生的思想和表达水平，还可以为学生在写作中很好地运用立意技巧打下基础，又可以为他们实现一次从小学到初中的接轨。

师：在今天的口语训练里，我们来讨论一个词语——幸福。可以说人人都在渴望幸福，人人都在感受幸福。幸福有时很抽象，有时又很具体；幸福有时很遥远，有时又近在咫尺。奉献是幸福，给予是幸福，获得是幸福，享受是幸福……一句祝福的话语是幸福，一个理解的眼神是幸福……幸福是心灵的感觉，幸福是生命的体验。同学们，我们用"幸福是……"这个句式来说说自己心目中的幸福，好吗？

（这时，教室里出现了寂静。）

老师：幸福是我的学生小虎感冒了还要来学校听我的课。

（生笑，都幸福地看着小虎。）

生：幸福是每天早晨起床时都能看到明媚的阳光。

生：幸福就是勇敢地前进。

生：他说得太抽象。

（正欲表扬，另一个学生的答案迅速跟上来。）

生：幸福是所有快乐的组合，比如我考试得第一，比如我学会弹新的曲子。

师：考试得第一。还是有些抽象，可以说得具体些。幸福是我考试得第一——

生：幸福不仅仅是考第一这个结果，而是努力的过程。

师：好。点到了努力的过程，很好。幸福不仅仅是考第一这个结果，而是努力的过程……请继续。

生：幸福不仅仅是考第一这个结果，而是在完全独立的情况下努力的过程——

生：幸福不仅仅是考第一这个结果，而是在完全独立的情况下努力打败所有的对手的过程——

生：幸福不仅仅是考第一这个结果，而是一次次学习受阻然后经过冥思苦想终于解决难题，享受到成功喜悦的过程——

生：幸福不仅仅是考第一这个结果，而是一次次学习受阻然后经过冥思苦想终于解决难题，享受到成功喜悦的漫长过程。

师：同学们非常棒，经过同学们集体的一步步努力，我们的句子已

经非常丰满非常深刻了。我们来继续幸福的话题。

  生：幸福是一种感觉。

  生：幸福是朋友之间的和谐。

  师：幸福是看到常常吵架的兰兰和调调握手言好。

  生：幸福是发自内心的快乐。

  生：幸福是我早上一起来就被一捆捆的钱砸中。

  师：等一下，这句话有什么毛病？

  生：不健康。

  生：消极。

  总之，各环节之间的衔接自然、天衣无缝，各层次之间的转承周密，显示了教师严谨的语言风格。

  简约和严谨是相互联系、密不可分的。简而不严，那是苟简。陈骙在《文则》中说："文简而理周，斯得其简也，读之疑而有缺焉，非简也，疏也。"作文如此，说话也一样。

亲切稚真

  有些教师长期耕耘在低年级的教学领域，生活在儿童中间，了解儿童的兴趣、爱好，了解儿童感知和思维特点。为了使自己的理解更易于学生接受、为学生喜欢听，且听了能懂，他们常常学习、模仿儿童的语言，模仿他们说话的语气、语调、表情、动作，使自己的教学语言逐渐具有儿童语言的特色，形成"亲切稚真"的教学语言风格，这种语言是充满童心的表露。从语言到姿态、从语气到语调、从动作表情到讲述内容，都符合少年儿童认知结构的特点和心理特征。

  斯霞老师在教一年级学生学习"颗颗稻粒都饱满"一句时，要学生用"饱满"造句，学生先后造了两个句子，"麦子长得多饱满"和"豆子长得多饱满"，斯老师并不满足于学生对课本的模仿，于是她采用表演式的语言，开阔学生的思路。她走到教室门口，理理发，整整衣服，挺起胸，昂起头，精神抖擞地走到讲台前，问道"你们看老师的精神怎么样？"学生异口同声地回答："老师的精神很饱满。"这样，言语和表情动作的相互配合，激发和诱导出了学生的创造性，使他们对词语的理解更加深刻，同时学起来也兴趣盎然。

典雅庄重

讲课的态度端庄持重，语言脱俗文雅。一句就是一句，有根有据，与严谨精练的风格有些类似，但表现出来的情趣更高雅。说话间很少用俚语俗语，偏重用书面语，还不时杂有文言词、文言句式。既算是诙谐，也常常是从引经据典中生发出来。例如有位教师讲了一个小笑话。

我国古代对于地位或辈分高的人，依礼不得直呼其名，连名字里的每一个字都不能念出来，谓之"忌讳"。五代时有个大官叫冯道。《籍川笑林》记载了冯道的门客讲老子《道德经》的一则故事。《道德经》开卷第一句是"道可道，非常道"，门客因为要忌讳冯道的"道"字，不敢读出"道"字来，只好念"不敢说，可不敢说，非常不敢说"。

即算是说这样的笑话，也显得很高雅。尤其是发表自己的见地时，更不会随意，常常是建立在对各家学说分析批判的基础上。例如讲到什么是政治时，有的教师先引用古今中外的一些有代表性的论述。

孔子曰："政者。正也。子帅以正，孰敢不正。"

马基雅弗利认为，政治是"是用强力统治人，用权术欺骗人"。

孙中山认为："政就是众人之事，治就是管理，管理众人之事，便是政治。"

列宁说："政治是经济的集中表现。"又说："政治就是各阶级之间的斗争。"

接着，教师指出这些说法的片面性，然后将列宁和孙中山先生的说法加以科学归纳，说出自己的看法。既开阔了学生的思路，又为自己的见解确立了坚实的基础，也显出典雅庄重的讲课风格。

雄浑豪迈

这种风格是以雄健刚劲的语言，表现出一种雄浑的境界和磅礴的气

势，体现出一种奔放的情感和浩瀚的精神。文理科教师都可以恰当地运用它，以形成气脉贯通的语势，显示雄浑豪迈的格调。

教材特别是文科教材中，金戈铁马、惊心动魄的战争场面；烈士就义、慷慨激昂的战斗气氛；热火朝天、你追我赶的建设工地；江河奔腾、惊涛骇浪的自然景观；"烈士暮年，壮心不已"的雄图大略；"鞠躬尽瘁，死而后已"的人格魅力；等等，都可以让教师豪迈奔放、雄健刚强的语言风格"大显身手"。即使是理科教材，对一些在科学事业上做出特殊贡献的人物及其发明、创造等的介绍，也可以运用刚劲有力的语言饱含感情地表达出来。因此，要根据不同的内容选择运用合适的语言。

一、选用洪亮的声律

首先，选用铿锵有力的声律。文科教材中的诗词韵文，多语言劲道、气势雄浑，蕴含着大气磅礴的气势。如毛泽东的诗词，较多用开口度大、洪亮有力的"江阳""寒山""坡梭""遥条"等韵脚，声音洪亮、语势豪放。恰当地选用这一类韵母的词语，可以从声律方面加强雄浑昂扬的语势。

其次，选用表情达意的语气。语气是教师对传播载体深层挖掘后的情感体验的自然流露，具有很强的表达作用。在不同的情感情绪氛围中，一定的语气总是和一定的声音形式紧密联系。例如：表达"愤怒"的感情时，声音响度大、语势猛，气粗声重，给人一种震慑感；表达"喜悦"的感情时，声音高而响亮、语势急，气短声高，给人一种兴奋感。准确地运用语气，可以反映出教师奔放洒脱的个人魅力。

最后，选用高亢响亮的语调。语调是教师语言最生动、最丰富、最具变化性的语音形式，它与丰富声音的表现形式和话语状态配合，综合上升为豪放刚健的格调，传递教师自己的内心世界、情感体验以及个人的深层意识，即价值观、人生观、世界观。它和语气一样，是根据教师内在心理活动和观念态度的变化而变化的。如，表达着急的心情和不安情绪时，则选用高昂急速的语调；反映低落的情绪和郑重的态度，则选用低沉迟缓的语调。选择运用不同语调表达情感，可以从语调方面突出豪放雄浑的语势。

二、选择恰当的句式

汉语的句子类型和句子形式丰富多彩。不同句型，具有不同的表意

功能和修辞功能；不同句式，具有不同的表达效果和审美价值。在课堂交际语境中，根据教学情境，从丰富多彩的句法形式中选择最恰当的句式，有助于表达强烈的感情，以形成豪放的教师语言风格。

（1）整句和散句的选用。整句的选用，可使句式整齐，声音和谐，气势通畅，意义鲜明；散句的选用，可避免单调呆板，取得灵活生动的效果。整句和散句交替运用，有助于表现雄健的语势。

例如，你们就是我们，我们就是你们，我们的路在你们的脚下延伸。为了太阳底下最光辉的事业，让我们携手并肩，不回顾，不彷徨。风雨兼程，勇往直前吧！

上例是整句和散句交错运用。韵律整齐、语言连贯、气势雄健，充满着阳刚之美、灵动之美。

（2）短句的选用。短句，易于上口，便于记忆。无论是抒情议论，还是描摹状物，都能使语言形成坚定刚健的气势。恰当地运用短句，也有助于教师豪放语言风格的形成。

（3）肯定句和否定句的选用。在教育信息传播活动中，特别是在批评教育中，教师如果恰当地选用肯定句和否定句，同样有助于构成雄浑豪迈的语言风格。

例如，你真没出息，连学生的笑声都受不了，你还有没有点男人的勇气？你虽然丑一点，可是你很优秀。在我教过的学生中没有谁比你更聪明。

上例是某校长对因面貌丑陋而遭学生哄笑、歧视，想自绝于世的老师的批评。否定和肯定句式交错运用，语气强硬，语调铿锵。先连用两个否定句式，加重否定的分量，接着用肯定、否定并列的问句，加强否定的语气。然后用一个肯定句，突出"很优秀"，跟"没出息"前后对照分明。最后再用两个否定句，强调"更聪明"。或否定连用，或肯定连用，或肯定、否定兼用，都可以突出教师雄浑豪迈的语言风格。

三、选择得体的辞格

雄浑豪迈的语言风格，多用排比、层递、呼告、反问、夸张等具有加强语势的修辞方式，既表达酣畅淋漓的感情，又增强语言的气势。根据题旨情境，恰当选用适合的辞格，能使教师语言综合上升为雄壮豪迈的气势和格调。

以反复这种辞格为例，反复有强调、突出的作用。如果与反问交错运用，则能加重语气，突出感情，壮大语势，构成雄浑豪迈的教师语言风格。

例如，今天，这里有没有特务？你站出来！是好汉的站出来！你出来讲！凭什么要杀死李先生？杀死了人又不敢承认，还要诬蔑人，说什么"桃色事件"，说什么共产党杀共产党，无耻啊！这是某集团的无耻，恰是李先生的光荣！李先生在昆明被暗杀，是李先生留给昆明人的光荣！（闻一多《最后一次讲演》）

例子中，反复、反问交错运用，义正词严，气势雄健，像一颗颗子弹，直射国民党反动派，显示了雄健豪放的语气与格调。首先运用反问，表达了义愤填膺之情，态度鲜明，气宇轩昂，接着运用"说什么……说什么"两句，深刻揭穿了反动派的丑恶嘴脸，"无耻啊！无耻！"反复连用，加重语气，增强语势，充满着血和泪的控诉。最后运用对比手法，突出了民主战士正义的气魄，贬斥了反动派的无耻卑鄙。

总之，教师雄浑豪迈的语言风格，决定于教师对传播内容的深层体会，并由此而生豪情壮志、炽热感情。缺少了这个前提，"喷薄而出之"的气势则失去了感情基础。

繁丰疏放

这种风格以丰富详尽、粗放不拘为特点，它是与简约严谨相对应的一种风格。叙事说理，尽情发挥，随意铺陈，不求省减，不避繁复，力求把话说深说透，说细说全，且表达自如，不受拘束。在词语上多使用同近义词，句式上多用叠句、松句、繁句，辞格上常用排比、换述、穷举、精细、错综等。另外，还注重细节描述。

一、繁丰

繁丰，是与简约相对应的一种表现风格，它是教师为强调教育教学内容，或是为突出、描绘及抒发事理等需要，以铺排的语言全面深入、详尽细致地论述、阐释、描述、说理的语言。它区别于繁冗、啰嗦和累赘，而是一种符合教育教学需要的纵横泼墨。因此，在内容上常用意义相同或相反的句群，从不同侧面、不同角度集中说明一个问题；在句式上多用繁句、散句、松句；在词语的选用上多用同义词、形容词等；在辞格的调遣上常用反复、排比、比喻等。这些表现手段的综合运用，可以使教师语言具有繁复之美、贯通之美、错综之美。体现这种风格特点的手段如下。

（1）多用书面语言，显示繁复之美。繁复之美主要表现在对内容的多侧面、全方位的描写上。

（2）语义的贯通，显示贯通之美。贯通之美主要体现在语义的贯通上。话语中前后语句互相依存，结果的出现依存于特定的原因或条件，从而使语义贯通，气势不凡。

（3）句式的选用，显示错综之美。错综之美主要表现在句式的选用上，整句和散句、长句和短句的交错运用，避免了单调、呆板，增强了严密、准确。

需要说明的是，简约与繁丰这两种相对应的表现风格，在具体的教学中并非是互相排斥的。它们各有所宜、各有不同地使用语境。或简约、或繁丰，关键要根据教育教学内容而定，同时也要看教育教学对象。该简时则惜墨如金，该繁时则纵横铺排，繁简适宜，相得益彰。

二、疏放

疏放是和严谨相对应的一种语言表现风格，它侧重于主观性情的自然流露，因而语言并不特别讲究表述的高度准确性，一般线条比较粗犷，视野较开阔。这种表现风格运用于教育教学中，不像严谨那样严密、细致。教师的语言一般质朴直率，较为随意，上下文、上下句之间有较大的跳跃性。主要表现在以下两方面。

（1）根据一个论点、一个概念，在由点及面、由近及远的想象中，显示教师直率质朴的语言风格。

想象是将记忆中的表象进行合乎情理的重新组合，它是在逻辑思维的指导、制约以及渗透下，与情感融合在一起，由记忆中的表象呈现、扩充、联想乃至综合，从而构成新形象的思维活动。这种思维活动中很重要的要素就是联想，教师根据教育教学的需要，把一个个表象通过合乎情理的扩充、联想，用生动形象的语言描述，可使学生的思维如虎添翼，在认知结构的信息库中，产生质的飞跃、升华。

上海实验中学生物老师沈黎明常常运用想象描述，帮助学生将理论与应用相结合，使学生在生物认知结构中形成连续的知识链，组成纵横交错的生物知识网络。

在《鸟类的多样性》一课中讲"猫头鹰"时，教师首先出示猫头鹰的标本，让学生运用记忆中的表象进行思维联系，把静态的标本"复活"，学生由眼前静态的标本联想到田野、联想到高山、联想到猫头鹰在夜晚的活动。然后，教师在此基础上进一步展开想象，归纳出猫头鹰的形态，特别是猫头鹰适于夜间捕捉老鼠的形态特征：它们听觉敏锐，能听到很远地方的声音；翼宽大，适于空中飞翔；眼睛和瞳孔很大，能在黑夜里看清远处的东西；羽毛很柔软，晚上飞行时不易发出声音；钩爪很锐利，能够捉住老鼠。在强化巩固猫头鹰的形态特征的基础上，再通过猫头鹰的录像播放，使学生记忆中的猫头鹰和想象中的"活"的猫头鹰更确切、更完整地印在大脑，充分显示了教师广阔灵活的思维联想能力。

（2）围绕一个命题、一个理念，在忽古忽今、忽此忽彼的变换中，显示教师洒脱淳朴的语言风格。

教师的这种语言表现风格，好像一般适宜于有相当思维能力、有较丰富知识的大学以上水平的人听课，特别是学术讲座中，这种表现风格很受这些人的青睐。

疏放侧重于教师情感的自然淳朴，当语言常规不足以驾驭时，常以超出常规的语言来表达。或搭配不协调的词语，或选用参差的语言结构，或调遣合"情"而不合"时"的词语，看似"形散"，实则"神不散"。所描绘的形象、所抒发的情感、所说明的事理之间具有较强的内在联系，它并不等同于粗疏、凌乱，也不是思维联想混乱。

繁丰疏放与简约严谨是一对矛盾，孰优孰劣，历来有争议。古人似乎更推崇后者。其实两者各有所长，顾炎武在《日知录》中说："辞在乎达。不论其繁与简也。"这是很有道理的。

总之，教师的语言是科学性和艺术性的统一，是教育性和审美性的统一，课堂里教师的语言，可以成为萌发学生思维的春风，也可以成为凋零学生思维的秋霜。因此，教师的每一句话都要反复推敲，出言谨慎，不仅要准确，深刻，富有哲理，还要亲切，自然，如话家常。而这些语言风格各有千秋，无论教师选择哪种语言风格，都要根据不同情境和课程的不同内容，在掌握语言的运用规律的前提下，恰到好处地运用，以便提高自身的表达能力，促进教学质量的提高。

第六章

教师语言礼仪

课堂语言礼仪

教师肩负着教育学生、培育学生，使学生成为接替上一辈事业、延续社会发展的新一代人才。因此，教师无论是在教学、教育活动中，还是在交际场合，均须讲究礼仪，做文明交往的使者。礼仪是一种文化，它构成了人的形象的重要侧面，是其外在形象、内在气质的表现。教师的一言一行、一动一静、一笑一颦，都在鲜明地展示自己的仪表和形象。

一、教师的礼貌用语

语言礼貌在一定程度上标志着一个社会的文明程度，一个人的语言反映着一个人的精神世界。你对别人有礼貌，别人才会对你有礼貌，所以与他人交谈时，要清除语言中的杂质，注意避讳的词语，要多用礼貌的语言。教师是学生的榜样和楷模，教师的言行举止，将对学生起到示范和表率作用。因此，一名光荣的、受人尊敬的教师，更要讲究文明礼貌。

1.教师常用礼貌用语

基本礼貌用语的使用，如"请""您""谢谢""对不起""没关系""再见"。特别是对学生的问好道别，教师要认真回礼，请学生做事要用"请"，做完要对学生说"谢谢"。

2.教师文明用语

对待学生：

①同学们好；

②希望你继续努力；

③不懂请来问老师；

④让老师来帮助你。

对待家长：

①教育学生是我们老师的责任；

②谢谢您的支持与配合；

③让我们来商量一下，怎样教育好孩子。

对待同事：

①我有一个问题向您求教；

②我有个建议，您看行吗；

③谢谢您的关心和支持。

3. 教师使用礼貌用语的原则

概括来说，礼貌用语的原则包括：声音优美、表达恰当、言简意赅、表情自然、举止文雅。

二、教师对学生的称呼

我国是礼仪之邦，人际交往讲究礼貌友好，崇尚平等待人。大多数教师会认为，教师称呼学生，不就是叫出他们的名字吗？在教育教学活动中，礼貌得体的称呼语可以沟通师生的感情，融洽师生关系。从许多教师的学习体会和教学经验可知，如果要想提高课堂教学效率，要想成为一个深受学生欢迎教师，要想和学生打成一片，要想和学生相处得融洽，要想受到学生欣赏，要想让学生喜欢听自己的课，在称呼学生时，适当讲究点"称呼"艺术，会让教师收到意想不到的教学效果。

首先，教师称呼学生的语气语调，应随着教育教学的不同目的而变化。或温和（如上课提问、生活交谈、讨论问题等）或严肃（如批评学生）或激昂（如赞赏学生）。但不管你用哪种语气和学生说话，都应充满感情、充满关爱，让学生清楚地感觉到教师对他的关心和爱护。当然，要做到这一点，关键还是要求教师有关爱学生的真挚感情。其次，采取恰当的称呼形式也能增强"称呼语"的感情色彩，如有一位教师只称呼学生的名，不称姓，就让人感到无比亲切。由此可见，特定称谓具有鼓舞人、激励人的作用。具体来说，教师对学生个体的称呼大体可以分为以下几类。

第一，叫姓名。这种方式除在一些正式场合使用外，一般场合要较少使用。

第二，叫名字（双字姓名除外）。这种方式多用于上课提问、平时交往、个别谈心等场合，可让学生有一种亲切感，可缩短师生之间的距离，增强教育教学效果。

第三，叫雅称。有些同学有好听、文雅的绰号，如果教师在一些娱乐、游戏、郊游等非教学场合对学生以绰号相称，会让学生觉得师生之间很平等、很亲切、很融洽。

第四，叫特称。可用学生的专长称呼学生，如"我们班的书法家""我

们班的美术家""我们班的学习大王""我们班的成语大王"等。这些称呼，既能活跃课堂气氛，又能起到激励先进，鼓舞后进的作用。然而，准确得体地使用特定称谓也需要注意以下原则。

首先，要遵循因人而异的原则。对什么同学，在什么情景下，使用什么样的特定称谓，教师要仔细斟酌，才能有所取舍。

其次，特定称谓不可滥用。不经"心"地思考而使用特定称谓，还有可能引发学生不尊重特定称谓的现象。

最后，特定的称谓要适时变化。学生是发展的，特定的称谓也要适应变化的实际做出适宜的变化，才能让学生在保持新鲜感的心理作用下，学习信心经久不衰。

三、教师语言礼仪

（一）教师语言表达礼仪

教师承担的教学任务离不开语言表达。因此，作为一名教师，要注意语言表达的礼仪规范。

1. 表达准确

学校设置的每一门课程都是一门科学，有其严谨性、科学性。教师在教授时应严格遵循学科的要求，不可庸俗化。

2. 音量适当

讲课不是喊口号，声音不宜过大。如果声音太低又很难听清，会影响教学效果。

3. 语言干净利索

讲课要抓中心，不说废话和多余的话，给学生干净利索的感觉。

（二）教师课堂语言礼仪

教师应自觉培养文明修养，注重自己的礼貌谈吐，讲究语言的艺术性，遵守语言的规范性，掌握语言的使用方法，从而做到语言美，充分发挥语言的作用。

1. 语言柔和动听

语言的生动效果常常是依赖语音的变化而实现的。语音变化主要是声调、语调、语速和音量。一般情况下，对音量的控制要根据地点、场

合及人数的多少而定。在不同的场合应当使用不同的语速。因为在讲课或谈话时，速度可以表达一定情感，速度适中可以给人留下稳健的印象。

2. 语调恰当、富有节奏

根据思想感情表达的需要，必须恰当地把握自己的语调，同时要做到语言表达清楚明白。说话时要综合把握，形成抑扬顿挫的和谐美，以收到最佳的交际效果。如果语言没有起伏变化，始终是一个频率、一个声调，往往使人觉得就像在喝一杯淡而无味的白开水，很快就觉得没意思。为此，教师在讲课时语调应有起有伏、时急时缓、抑扬顿挫，让学生感到生动活泼，避免过于呆板的音调。

3. 语句流畅

在课堂上，语句流畅与否，对表达效果的影响也是很大的。语句流畅的，如行云流水，有吸引力，学生听起来自然连贯，容易理解，也不易疲劳；语句不流畅的，听上去断断续续，不但不易领会，而且容易使学生产生疲劳或烦躁感，效果当然不理想。

四、教师课堂语言禁忌

1. 忌狭隘偏激

宽容是春天的一缕轻风，是冬夜里跳动的火苗。学生是活生生的个体，每个学生由于受教育的环境和认知水平不同，对问题的理解和对事物的看法也是有差异的。面对这些"差异"，教师若是疾言厉色地对待，缺少"春天的轻风、冬夜里的火苗"，学生就会对教师敬而远之，就会对学习中的问题不再发表自己的见解。所以，教师不能用统一的标准去划定学生的答案，应鼓励学生对问题有个性化的理解，教师更不应该对学生的答案持否定态度。明智的做法是，面对学生认识的不一致、观念的分歧、思想的碰撞，教师要给予充足的时间，让他们分别表明自己的立场、阐述自己的理由。当学生正在发言时，教师千万不能急切地打断他们，或是把自己的观点强加于学生，或代替学生过早地下结论。因为那样就会给学生留下狭隘偏激的印象，使课堂交流无法进行下去。教师只有宽容大度，才能使学生有进步，自己得人心。

2. 忌自我炫耀

教师先于学生步入社会，如果教师适当地拿自己现身说法，启发学

生努力学习是完全可以理解的，但经常用自己的亮点来反衬学生，就会给学生留下自我炫耀的印象，让学生特别反感。每个学生都有独立的人格。他们既有强烈的表现欲望，又有被发现、被承认、被赞赏的内在心理需求。教师在课堂上如果只顾自己进入自我陶醉状态，轻视学生的反应，效果绝对不佳。明智的做法是，教师运用激情、激趣的手段调动学生的情感，让他们积极投入学习状态，并引导他们在学习活动中自由展示、自由发挥。教师对学生的学习活动给以诚恳的认同和赞扬，并且要赞扬学生学习的各个环节中最细小的进步，而且是每一次进步。这样学生就有一种特别被关注的感觉，他们会越来越有信心参加学习活动。如果教师只顾滔滔不绝地展示自己的理解或感受，学生就会由课堂主演变成观众甚至是场外观众。所以，教师要想在课堂上最大限度地调动学生的学习积极性，营造出师、生、文本三情共振的氛围，赞扬学生是其中重要的手段之一，也是教师尊重学生的体现。

3.忌"一言堂"

对话是交流的基础，有对话才有交流，有交流才能产生情感。课堂是师生双边活动的场所，不是教师独领风骚的舞台。因此，教师在课堂上要根据授课内容启发学生厘清学习思路，独立思考；摸索学习方法，自主学习；排除思想顾虑与同学讨论交流。教师在认真倾听学生的发言后，要及时评价，触动学生学习的动机，使他们能围绕学习内容，有滔滔不绝的话题，并得到个性化的理解。因为，教师激情的评价、点拨，不仅有利于师生之间的语言交流，也有利于师生之间心与心的碰撞和感情距离的缩小。

4.忌挖苦谩骂

教师教学态度要认真。使用标准的普通话，谈吐需文雅，口气应亲切，不讽刺、挖苦、谩骂学生，坚决不允许有体罚或变相体罚学生的现象出现。

5.忌孤傲清高

与学生交谈时，应大方、爽朗，不要孤傲清高，使学生不愿接近教师；不如他人时，应心悦诚服，不要出言不逊，那将有损教师的风度；介绍自己时，应谦虚、求实，不要自吹自擂，以免别人对教师产生反感。

作为一名教师，在课堂上应温文尔雅、持重沉稳。萨迪说："讲话气势汹汹，未必就是言之有理。"

谈话礼仪

谈话不仅是生活的重要组成部分，而且是一种艺术。"酒逢知己千杯少，话不投机半句多"，言谈的优劣直接决定了言谈的效果。谈话要注意语音、语调、语汇（用词、用语）、语脉（逻辑、顺序）、语境（语言环境），人们用语言进行交谈，还要借助情态、手势、躯体姿势等以达到更好的交谈效果。

一、谈话的态度

1. 真诚坦荡

谈话是为了交流信息，每个人都想得到真实的信息，彼此真诚坦荡能够使交谈进行得很愉快。"诚于中而行于外"，真诚，就是要做到不言过其实、油腔滑调，更不能用恶语中伤他人。诚恳的态度外化为谦恭、和善的语气，例如：使用商量的语气和词句；调低音量；语速适当、均匀。在交谈中，双方袒露心扉，会增进情感交流，赢得别人的好感和支持。虚伪做作、华而不实或轻慢无礼、语气生硬，对方就不愿意同你交流。虚假信息既欺骗别人，又贬低自己的人格，甚至造成伤害，中断交往。

2. 谦恭适度

谦恭适度，应该把自己摆在与对方平等的位置上。谦虚是一种美德，要牢记"山外有山，天外有天"，交谈不要争强好胜，更不要强词夺理，文过饰非，要与人为善。但是，凡事皆有度。过度谦虚、假意应酬、妄自菲薄、缺乏诚意则过犹不及。

3. 区别对待

人与人之间由于经历、所受教育、家庭、兴趣、性格等不同，会带来谈话的领域、内容、"兴奋点"的差异，这是社会的现实。因此，在同不同性格、不同行业、不同熟悉程度的人交谈时，就要察言观色，选择恰当的语言，甚至转换话题。交谈不仅要见什么人说什么话，还要因地、因情而异，这也就是常说的"到什么山上唱什么歌"。例如，在学校可以谈论一下学校的改革变化，在车站、体育馆等公共场所聊一聊天气情况、体育赛事、文艺演出等内容。

二、谈话中使用的语言

敬语和谦语的适当运用，会让人觉得彬彬有礼，很有教养。它可以使互不相识的人乐于相交，熟人增进友谊。

1. 尊敬的语言

尊敬语言的使用是对交往伙伴的尊重、礼貌的表示，常用的敬语如"请坐""请进""请喝茶""请就位""请慢用"等。"请"字带来了人际关系的顺利进展、交往的顺利进行。"您"字常被中国人用来称呼长辈、上级及敬重的人。因此，应当特别注意。

2. 礼貌的语言

礼貌的语言用于人们的交往场合，充分表现了谦恭、友好、敬重的态度。

3. 使用商量或祈使语气

与人交谈，经常使用肯定的语气、否定的语气，可能会创造一种"权威"气氛，讲话人对所谈论事件有绝对的评判权利。而商量、祈使语气却会使人产生平等感。

三、谈话的距离

谈话是人们交往的一种方式，目的在于彼此交流，沟通思想、观点、情感。选择谈话距离并不仅仅是为了让对方能够听清谈话内容，更为重要的是为了让对方感受到尊重。交谈时彼此贴近，双方的面部表情毫无遮挡地暴露在对方面前，易使倾听一方产生心理紧张；而相识的双方远距离交谈又仿佛是在"谈判"，给人一种疏远的感觉，这与交谈的目的相违背。

什么样的距离才适于人们交谈呢？人们的交流、接触区间可以分为四个范围。

第一，亲密距离。使用这一距离交谈的人，一般是有特殊亲密关系的人。在交往场合，也会有想借助拉近距离从而拉近情感关系的人，但近距离的极限是交谈的双方可以接受、不厌烦的距离。

第二，个人距离。使用这种距离交谈的人，大多是好朋友、家人、熟识的人，在这样的距离中，他们交谈就像拉家常一样，温馨、和谐。

第三，社交距离。使用这种距离交谈的人，一般是初识的人、陌生人。在这样的距离内，交谈的双方都有安全感，感到自然、放松。

（4）公共距离。它适用于一人面对多人或大众讲话的场合。

四、谈话的忌讳

谈话的双方在交谈过程中，应从对方的角度考虑，在确定了需要交谈的内容后，恰当地选用语言，尊重另一方。

在谈话时，不要使用行话、术语、俚语及方言土语，因为它容易让人产生困惑，以至于不知所云，这些词语号称"交谈杀手"。

谈话的内容一般不要涉及个人的不幸、疾病、死亡等不愉快的事情，因为它会使本来阳光普照的天气蒙上一层阴云。对方反感的话题也应该知趣地回避。

在谈话中，一般不要询问对方的年龄、婚否；不要询问对方的生活履历、工资收入、家庭财产数额，以及对方的衣服、鞋子的价格等私人生活方面的问题。

谈话一般不要涉及某人的宗教信仰、禁忌和特殊的风俗习惯。

谈话一般不要涉及单位的人事纠纷和涉及决策的积怨、有争议的兴趣爱好、低级笑话、小道消息等话题。

五、正确运用辅助语言交流的媒介

在交谈中，语言是核心，但人的各种各样的肢体语言会起到辅助语言交流、强化交流意境的作用。

1. 眼睛

在人们进行语言交流的同时，可以用眼睛来表达肯定或否定的态度，用眼睛来确认彼此的情感关系。

2. 手势

在交谈中，人的手势可以起到象征、说明、协调行为的作用。人们在谈话时会借助手势来说明问题，如阐述第一个问题时会伸出食指。另外，人们有时会在交谈时紧握双手、双手相互摩擦，这表明他在用手的动作来协调行为。

3. 面容表情

在交谈中，双方的面目表情能够传达如肯定、否定、喜欢或厌烦的态度；表现人的心境，如喜悦、悲伤、痛苦、自信等。嘴角上翘会使人想到是在微笑，而嘴角下垂会使人感到是在生气；面容表情还可以表现人的性格、气质、阅历等信息。

4. 躯体姿势

人的躯体姿势可以表现人对某人、某事的态度及某人的生活状态。

六、谈话中的倾听

谈话是人的双向交流，说与听并行，才能称作谈话，才能形成沟通、交往。

（一）倾听的作用

倾听他人谈话是对谈话一方的尊重，是友好的表示，同时还有以下作用：

第一，了解大量信息，如事实、数据及他人的想法；

第二，理解他人的思想、情感和信仰；

第三，了解他人，改善工作关系，从而提高工作效率；

第四，增进人们之间的相互理解，使紧张的关系得到缓和，从而避免不必要的纠纷。

（二）倾听的方法

1. 以良好的精神状态接受对方的态度

交谈双方在价值观念、信仰、理解问题的角度及思维方法等方面可能存在差异，给倾听对方谈话增加了难度。抛弃差异、仔细倾听，就能掌握谈话人的观点。

2. 偶尔提问、提示，给讲话人以鼓励

讲话者总是希望与听讲者交流，希望被人理解，如果听话者说"我可能没有听懂，你能否讲具体一点？""还有哪些方面需要考虑的呢？"等，会使讲话人产生被人理解、接受的感觉。

3. 及时反馈

倾听一方用自己的语言复述对讲话人所表达的思想与感情的理解，给讲话人以反馈，从而表达出讲话人所发布的信息已被听讲一方接收。

七、委婉语

1. 委婉语的含义

委婉语是运用迂回曲折的语言词句，向交往的对方表达真实意思的语言形式。它是借助语言的丰富形式，把原本因语境限制或令人不悦的事情，用听上去既文雅又得体的语言说出来。

2. 委婉语的功能

使用委婉语，可以避免因直言陈述、显露锋芒给对方造成伤害而形成对抗，能够启发人想象和思考，体会其中的事理，让对方在细细品味之后，接受你的观点，取得共同的认识，从而收到"言有尽而意无穷，余意尽在不言中"的效果。

3. 委婉语使用的艺术

第一，利用比喻、双关、典故等手法代替直接表态。委婉法运用迂回曲折的含蓄语言，比直接表达效果好。

第二，利用含蓄的、意味深长的语言来表达。在公关交往中，常有固步自封的人或过于自信的人，遇到这种人就可以运用曲折委婉的语言来表达自己的意思。

第三，运用模棱两可的语言做出具有弹性的回答。

第四，我们应善于选用恰当的词汇。委婉语不仅是一种修辞，而且表达一种尊重。例如，我们将"胖"说成"丰满"，将"瘦"说成"苗条""骨感美"，把"上厕所"说成"去洗手间""方便"就显得比较文雅。

第五，在批评、拒绝时用委婉语，比较容易取得成功。例如："错误"、"毛病"、"缺点"这三个词，在词义上有轻重之分。在批评人时，选用不同的词汇，可以避免直接冲突。例如，有人买菜借挑菜时往下摘菜叶，售货员提示："请您别把菜叶碰下来。"一个"碰"，软化了批评。再如，将"不同意"说成"目前，恐怕很难办到"，言辞中的棱角就被磨掉了。

八、幽默的礼仪

1. 幽默语的含义

幽默语是运用诙谐的、意味深长的语言传递信息的方法。它借助特殊的语法修辞来使交往的双方摆脱窘境、进入愉悦的境地。

2. 幽默语的功能

第一，幽默语在公关交际中，能够使紧张、严肃的气氛变得轻松、愉快、活泼。

第二，幽默语有助于融洽人们的感情，消除误会，拉近交际双方的心理距离。

第三，在喜庆、欢乐的场合使用幽默语，能够制造祥和、欢快的气氛。

第四，幽默语还可以使得人们的交往产生美感，另外它还具有讽刺、批评和教育的作用。

电话礼仪

电信的发展为现今社会的人际交流提供了方便、快捷的工具。有了工具，还需要人们具有更好地使用这种工具的知识，如打电话、接电话的礼仪知识。

一、接听电话的礼仪

电话铃声一响，应该在三声以内拿起电话，两声最佳。铃声一响就接有时会掉线，有的话机只有在第二响才能显示来电号码。电话铃声响过多次才接起，容易使打电话的人产生不良印象，甚至会影响所属学校的形象。

1. 问候

接起电话后应尽快说出："你好，这里是某某学校""早晨好。某某学校"等。

2. 使用使对方愉快的语词

在接听电话、与来电者交谈时，应选用清晰、悦耳的语调，选用谦恭、友善的语气，让人听起来轻松、愉快。

3. 转接电话及留言

如果接听电话对方所要找的人不在，或者询问的事情一时难以回答，可请对方留下电话号码，并告诉对方"某某一回来，我就请他给您回电话"，或告诉对方"等我询问清楚，再给您回电话"。

转接电话的时候，一定要确认对方的姓名和身份，应首先问一句："很

抱歉，请问您是哪一位？"否则，来电一方所指定接电话的人，可能根本与来电方不认识，如果把电话直接递过去，会造成尴尬的局面。

二、打出电话的礼仪

1. 选择恰当的通话时间

要确定打出电话的时间,既要有打电话的需要,也要考虑对方的情况,公事最好在上班时间打电话。即使是私人电话也应避开用餐时间、睡眠和休息时间,如晚间 *10：00* 至次日早 *7：00* 期间,最好不要打电话。另外,还要注意通话时间的长短。通话有一个"三分钟原则",即每次谈话一般不要超过三分钟。当然,如果是电话谈心、电话会议则不在此列。

2. 通话目的明确

在打电话前,要明确打电话的目的,以便拨通电话后能迅速而有条理地说出所要谈的事情。切忌漫无目的地东拉西扯,给通话的另一方留下拖沓、低效的印象。

3. 安排通话内容

先把通话要点告诉对方,然后再详细说明内容,这样使受话一方能够清晰地听出所说的内容,避免抓不住话题方向的现象出现。

4. 挂断电话时注意使用礼貌用语

在挂断电话前,要说一些表示礼貌、友好的话,如"打扰您了,再见""谢谢您的指教"等。

三、电话礼貌用语

在打电话时使用礼貌语言,能取得与受话方更好的沟通效果。如"您好,我是某某""请稍等""对不起,请问您是哪一位""拜托您了""对不起,让您久等了"等。

四、接打电话"六注意"

①对拨错号码的情况要友好应对。
②向另一方通报本人姓名和所属单位名称。
③请对方回电话要留下自己的电话号码。
④认真听打电话一方的谈话。

⑤向通话一方介绍自己所处的通话场所、通话时在场人员。

⑥适时结束通话，一般是主叫方先挂。

五、处理通话中出现的问题

1.线路中断的解决办法

通话时线路突然中断是令人讨厌的事。主动打电话的一方应重拨电话，重拨越快越好，在重新接通后先表示歉意，说："对不起，刚才线路出故障了。"若在一定时间内打电话的一方仍未重拨，接电话一方也可以拨过去。

2.通话时受到干扰的解决办法

通话时经常受到各种干扰。如果你走进别人办公室时，他正在与别人通话，应轻声道歉并迅速离开；如果有急事必须马上找正在打电话的人，可以将要谈的问题写在便条上放在他的面前，然后再离开。

六、用好手机

手机被称作"第五媒体"，手机为我们带来了极大的方便。但是，放肆地使用手机会成为社会礼仪的最大威胁。在没有事先约定和不熟悉对方的前提下，我们很难知道对方什么时候方便接听电话。所以，在有其他联络方式时，还是尽量不要打对方手机。如果在禁用地点使用手机还可能造成灾难？怎样合理地利用手机呢？

在一切标有文字或图标禁用手机的地方，均须遵守规定。乘飞机时，必须关闭手机，因为手机信号会干扰飞机导航系统；在驾车时，不宜使用手机通话，否则易造成事故。

在公共场所应把手机设置为静音或振动状态。在一些场合，发送短信息往往比打电话更合适一些。

有特别紧急的情况必须使用手机时可以换个房间，走到室外，甚至可以躲进厕所。

打手机时声音不要过大，尤其在公共场所，使用耳机与麦克时大喊大叫，别人会感到莫名其妙。

第七章

说话的技巧

音质要优美

音质优美，是良好的教师语言的基础。所谓音质，是指语音的音色，是一个音区别于其他音的依据和标志。它主要是由声道的共鸣形状和发音部位与方法的不同决定的。每个人的发音体和发音习惯都有自己的特点，这就造成了音质的个性差异。好的音质圆润清亮、结实饱满，让人听了悦耳爽心，有利于增强语言的感染力，激发学生的学习兴趣，营造良好的课堂气氛，从而提高教学效果；差的音质粗糙沙哑、干涩低暗，使人听了刺耳烦心，就会影响课堂情绪，自然也会影响教学效果。

音质的好坏，有先天的因素，但并不是完全由先天决定的。只要掌握正确的方法，进行科学的训练，就可以使音质得到改善。提高音质质量的主要途径，是进行艺术训练。

一要用本色音自如地发声。有些初上讲台的教师为了使自己的声音能震动学生，讲课时大气粗声，一味地发高音；有的教师教了一段时间的书，把教学语言当成"拉家常"式的语言，讲课有气无力，声音平淡而松软；甚至个别教师奢望在语言上别具一格来吸引学生注意，故意压喉卡嗓，挤气出声，实际上这些都是大可不必的。教师说话应选择自己的自如声区中的最佳音域和最佳音量，并注意自我监听调节，切忌生硬做作，养成不良的发声习惯，人为破坏自己固有的音色美。因为任何人的发声机制都不是十全十美的，关键是要善于用本色音，善于扬长避短，并适当地调节，从而做到声情并茂。例如：音色尖利的，注意用腹腔鼻腔的共鸣，使声音浑厚一些；音色低沉的，注意提高平直调，适当强调高升调；音色鼻音重的，注意少用鼻腔共鸣，即使是发鼻辅音时也让一部分气息通过口腔的共鸣发出来。

二要会呼吸，会运用气息。著名的表演艺术家李默然说过："练声先练气，气足声故亮"。没有足够的气息就不能发出明亮的声音，以"声音"为职业的教师平时就要注意训练自己的肺活量，调节自己的呼吸状态。为了使说话时的气息处于自如调节的状态，教师就应该掌握"胸腹联合呼吸法"，其要领如下。

姿势：说话时肩平颈正，全身放松。

吸气：在努力下降横隔膜的同时，尽力收缩小腹，口鼻并用吸气，以避免"喝"气声。

用腹肌控制气息的输出，做到均匀平缓，尽量延长一口气的使用时间。

用这种方法呼吸，吸气深、气量足，横隔膜下压后成为"气柱"的支撑点，发声轻松，而且声音有立体感，动听悦耳。

三要适当地运用共鸣技巧。有的教师在讲课时为了使整个教室每个学生都听得清楚，其说话音量必然地比平时要高些，为了避免那种仅靠提高声带颤动的频率来增加音量的现象出现，就有必要在发声时适当地运用共鸣技巧，以提高音量，减少疲劳，从而长期保持嗓音洪亮、音色优美。运用共鸣技巧主要应掌握好"口张""喉松""鼻松"三个环节。口张，即发音时口腔的空间要扩张开，使发声部位后移，声音有了较大的空间，就响亮而浑厚。喉松，即喉部放松，声音自然颤动，让声音在喉腔与鼻腔之间产生共鸣。鼻松，指在发鼻音的音节时，软腭下垂，舌根放松，让气流从鼻腔中流出，同时声音在鼻腔中产生充分的共鸣。总之，掌握了共鸣发声的初步技巧，就能使声音响亮、丰厚、圆润。

语速要适中

语速即说话速度，即在单位时间里说出的字数（或音节）。太快或太慢，都不是合适的速度。一般情况下，日常说话的语速较快，而表演艺术或演讲的语速较慢。语速的快慢受说话场合的影响，也受说话人情绪的影响。语速通常是变化的，有时快，有时慢，但每个人都有一个惯常使用的语速，惯常使用的语速形成一个人的说话习惯。语速与思维关系密切，思维敏捷，语速则快；思维迟缓，语速则慢。语速还与说话中的停顿有关，停顿过多或过长，语速则慢。教师在课堂教学中的语速应稍慢于讲话语速，而且有忽快忽慢的变化。因为，衡量教学语言是背诵还是讲述，重要的一点就是看语速有无变化。

语言语速可分为：

慢语速，每分钟 150 个音节以下；

舒缓语速，每分钟 180～200 个音节；

中等语速，每分钟 230 个音节左右；

较快语速，每分钟 *250* 个音节左右；

快语速，每分钟 *300* 个音节以上。

中央电视台新闻播音的语速为每分钟 *240～270* 个音节；一般朗读文章的语速为每分钟 *220* 个音节左右。年轻人的语速较快，有时可达每分钟 *350* 个音节；语速最慢的老年人，每分钟 *100* 个音节左右。在朗读文章时，叙述、写景的地方，或情绪平静、沉郁、失望的地方，气氛庄严、行动迟疑等内容或较难理解的语句，读的速度要慢一些；悲哀的地方，应读得深沉清晰，速度更慢，表达出沉重的感情；情绪紧张、热烈，或在愉快、兴奋、慌乱、惊惧的时候，以及激昂慷慨、愤怒、反抗、驳斥、申辩等内容，读的速度可适当快一些。具体案例如下。

听潮（节选）

海睡熟了。

大小的岛拥抱着，依偎着，也静静地恍惚入了梦乡。

星星在头上眨着慵懒的眼睑，也像要睡了。

许久许久，我俩也像入睡了似的，停止了一切的思念和情绪。

（这一部分可慢一些）

不晓得过了多少时候，远寺的钟声突然惊醒了海的酣梦，它恼怒似的激起波浪的兴奋，渐渐向我们脚下的岩石掀过来，发出汩汩的声音，像是谁在海底吐着气，海面的银光跟着晃动起来，银龙样的。接着我们脚下的岩石就像铃子、铙钹、钟鼓在奏鸣着，而且声音愈响愈大起来。（稍快）

没有风。海自己醒了，喘着气，转侧着，打着哈欠，伸着懒腰，抹着眼睛。因为岛屿挡住了它的转动，它狠狠地用脚踢着，用手推着，用牙咬着。它一刻比一刻兴奋，一刻比一刻用劲。岩石也仿佛渐渐战栗，发出抵抗的嗥叫，击碎了海的鳞甲，片片飞散。（稍快）

海终于愤怒了。它咆哮着，猛烈地冲向岸边袭击过来，冲进了岩石的罅隙里，又拔剌着岩石的壁垒。（渐快）

音响就越大了。战鼓声，金锣声，呐喊声，叫号声，啼哭声，马蹄声，车轮声，机翼声，掺杂在一起，像千军万马混战了起来。（这一部分应快一些）

银光消失了。海水疯狂地汹涌着，吞没了远近大小的岛屿。它从我

们的脚下扑了过来，响雷般地怒吼着，一阵阵地将满含着血腥的浪花泼溅在我们的身上。（中速）

教学语言语速的要求是：以正常语速为主，间有超常语速（特快或特慢语速）。教师的语速与学生接收、处理信息的速度同步，就是合理的语速。一般情况下，教师采用正常语速进行教学，在强调重点和难点时则有意使用慢语速，有时则故意使用超常语速以吸引学生的注意力，或形成一种幽默风趣的生动效果，故意渲染一种心情、制造一种气氛，都可以使用超常语速。语速的变化，可以使声音富有吸引力，可以更好地塑造声音形象。

音量要适度

音量，是指声音响度的大小。教师在课堂上讲话，应当把音量控制在适当的程度，也就是通常人们所说的，应有一个"合理响度"。

我们看看下面这个故事。

一次晚饭后，家属院里几个上初中、小学的男女孩子围成一堆儿，七嘴八舌谈得很起劲儿。走近一听，原来他们正在评论各自的老师，互相介绍他们给老师起的绰号，有的孩子还调皮劲儿十足地模仿某老师讲课的声音、语调或口头禅。他们以青少年特有的语言敏感和模仿才能，学得惟妙惟肖，不时引起一阵阵哄笑。

听听这些绰号吧："高音喇叭""轰天雷""吓一跳"（讲话噪音过大）；"蜜蜂阿姨""催眠灵"（讲话声音太小）……

我想，教师不必因为这些绰号中包含着不敬成分而责备这些孩子太调皮。记得有位教育家说过：教师生活在学生中间，就像每天都站在一面镜子前一般。那么，"镜子"如实地照出了教师某方面的不足，这是很自然的事。

如果从研究教学语言的角度看，这些绰号包含的指责和嘲弄大体是指教学语言响度不合理。

由于性格、气质、体质、语言习惯等多方面的差异，每个教师在日

常生活中说话声音的高、低、强、弱各不相同。有的爱粗喉咙大嗓门儿，有的总是柔声细语。各种语言习惯，在生活中一般并不妨碍思想交流。但是，在课堂上讲课，说话声音的高、低、强、弱就不能不讲究了。响度不当，不光对授课效果有影响，而且与教师在学生心目中的形象也有关系。响度合理是理想的教学语言的重要条件之一，也是一切运用有声语言的场合应当讲究的问题。

说话声音的高、低、强、弱，从语言学角度说，是"响度"问题，而响度大小是以人听觉的程度来衡量的。人们听见的声音的响度，实际上是强度、长度、高度的总和。物理学里用"分贝"作为计量声音强度的单位。分贝也主要是以声音对人的耳膜刺激、震荡的强弱程度来确定的。言语的音响效果，只能以听话的一方耳感来确定。

在日常生活中，常见的现象是，当两个人说"悄悄话"时是喊喊喳喳、窃窃私语；当人们面对大庭广众慷慨陈词时，则往往放开喉咙，大声疾呼。在房间里谈心和在旷野上呼唤，音高、音强度差别很大。对正常人说话与对听力差的人说话嗓门大小也不一样。可见，人们在生活语言中也总是很自然地根据听话人的生理状况、对话者之间的距离等条件，随时调整说话声音的高低强弱，尽量选择理想的响度。人们看电视、听广播的时候，总是随时转动"音量"的旋钮，选择合适的响度，力求听感舒服，既清晰省力又不刺耳。

教师上课，传授知识，是交流思想、传递信息的活动。为了提高教学效果，不能不努力寻求教学语言的"合理响度"，也就是使自己说话的音高、音强、音长达到和控制在最适当的程度。具体标准是使坐在每个位置上的学生都能毫不吃力地听清楚教师讲的每句话、发出的每个音节，并且耳感舒适。如果达不到或超过这个合理响度，就妨碍信息传递，影响听课的效果。

例如，有的教师在新接任的班级上课，往往讲几句话以后，先问一下："我这样讲，后面的同学听得清楚吗？"这样做的目的就是了解信息收取一方的耳感状况，以判定自己教学语言的响度是否合理。

不少教师自恃声音"洪亮"，即使在小课堂上课也习惯放开嗓门，像在大会上讲演一样。殊不知，这种习惯的坏处实在很多。首先，讲者不必要地做多余的功，无谓地消耗能量和精力。其次，由于学校教学区

的建筑结构，不论楼房平房，总是一排排教室毗邻连接的，当这屋上课时，那屋也在上课。如果某个教室里教师讲课声音过大，会对隔壁教室产生干扰，对整个教学秩序也起着破坏作用。最后，对本班的学生来说，超过所需响度的讲话会使听者感到太受刺激，心神不宁，影响听者收取信息和及时反馈。特别在低年级，教师那种大功率"高音喇叭"式的讲话，会使少年儿童感到惊惶不安。此外，在中、小学里，一个教师往往每天要连续上几节课，假如养成这种不合理控制声音响度的说话习惯，一登台就粗声大嗓，天长日久，很容易造成声带损伤，使音色变得沙哑干涩。

反之，如果教师说话声音过小，达不到必需的响度，后面几排座位上的学生就听不清，不能顺利地收到教师发出的全部语言信息，当然也直接影响教学效果。有些教师讲课时故意将声音压得很低很小，使稍远一点的学生听得很吃力，稍一疏忽就听不清，并且把这当作"经验"，认为这样做可以使学生上课时专心致志地听讲。其实，这是不科学的。声音太小，时间过长，学生的注意力很难集中，这和靠所谓高声讲课使学生注意力更集中一样不科学。

到底怎样科学、合理地把握教学语言的响度呢？这要靠教师自己善于体会揣摩，善于在实践中总结。话是讲给教学对象听的，要时时从听者的角度着想。这里不可忽视的一个标准是讲课者本人的耳感，即自己在讲话的同时，自己的耳朵也在听着。自己说话声音高低强弱，音响效果怎样，自己的耳朵在随时"监听"和检验。有一种现象很有趣：大凡耳聋或者听力弱的教师往往习惯于用过响的声音说话，这正表明个人的听觉对于个人把握说话响度的重要性。

有经验的教师讲课，总是很自然地借助个人耳感，根据课堂空间大小、最近和最远的学生座位与讲台间的距离、听课人数的多少、教室有无天花板、门窗是开是关、课堂内外噪音大小等各种与音响有关的因素，以及个人声音的特点，把握个人说话的合理响度，以追求响度的最佳效果。某些教师讲究"音灌满堂"，对不对呢？这有待分析。如果"音灌满堂"意味着使坐在教室任何角落里的学生都能不费力地听清每个音节，则是对的。不过，有些提倡"音灌满堂"的教师往往是盲目地放开嗓门，那是不科学的"超合理响度"。我国当前一般学校教室建筑面积多为 60～70 平方米，地面距天花板高度一般在 3.3 米左右，室内空间

在 200～230 立方米。若在室内外比较安静、无明显噪声干扰的情况下，讲话声音只需比平常三五人在室内随便交谈的声音微大一点就可以"灌满"这么大的空间，保证坐在室内每个位置上的人听感的清晰度。经验少的人如果觉得难以把握课堂语音的响度，不妨课下在空教室里借助一部收音机或电视机试一试，将机子放在讲桌上，调整其音量，走到后排角落里听听效果，找到最合适的响度，那也就是自己讲课的合理响度。

对有声语言来说，响度合理是保证交流思想、传递信息效果的最重要条件之一。要掌握得好，既需弄清许多复杂的原理，又需积累足够的实践经验，这并不是件简单的事。教师应当对这方面充分重视，切切实实地下功夫。

停顿要合理

停顿，是话语中短暂的语音间歇，也有人把它称为语音表达中的"零位素"。在口语表达中，停顿除具有调节气息的生理作用外，还具有突出重点、增加表情色彩等多方面的修辞作用。

停顿可分为以下几类。

1. 语法停顿

语法停顿是句子中一般的间歇，反映句子中的语法关系。停顿时间的长短依次是：句号、问号、叹号、分号、冒号、逗号、顿号。但有时，由于语气感情的需要，停顿的时间也可延长或缩短，有的虽有标点也不一定停顿。例如，《捞月亮》中小猴子喊："糟啦！糟啦！月亮掉到井里啦！"两个"糟啦"可以连起来读，也可以把全句都连起来读，以表示吃惊、急促。

当较长的句子中间没有标点符号时，可按语法成分来停顿。停顿的主要位置是主语、谓语之间，主语、宾语之间，定语、状语、补语与中心语之间，特别是在各部分较长时更应注意它们之间的停顿，停顿的时间要短促。

①在我的家里，珍藏着一件 / 白色的确良衬衫。这不是一件 / 普通的衬衫。这衬衫 / 凝聚着敬爱的周总理对工人群众的阶级感情。每当我

看到它，周总理／那高大光辉的形象／就浮现在我的眼前；每当我捧起它，就不由得回想起／那激动人心的往事。

②但他们那种不畏风霜的姿态／却使人油然而生敬意，久久不忘。当时很想把这种感觉写下来，但／又不能写成。

2. 强调停顿

强调停顿是句子中特殊的间歇，是为了强调某一事物，突出某个意思或某种感情，或者为了加强语气，而在不是语法停顿的地方做适当停顿，或在语法停顿的基础上变动停顿时间，这样的停顿称为"强调停顿"，又可以叫作"逻辑停顿"或"感情停顿"。

（1）王后听说白雪公主还活着，气得直咬牙齿："哼，哼，谁／比我美丽，我／就得／害死谁！"

在"我"后面做强调停顿，表现王后的气急败坏、凶狠和毒辣。

（2）春天／像刚落地的娃娃，从头到脚都是新的，它生长着。

在"春天"后面做强调停顿，表现对春天到来的喜悦及希望。

3. 结构停顿

结构停顿是由文章的层次结构决定的，是为了表示文章的层次、段落等所做的停顿。停顿时间的长短，应视具体的语言环境而定。在一般情况下，间歇时间的长短依次是：段落、层次、句子。句子间、层次间、段落间衔接紧密的就停得短些，另起话题之前就停得长些。具体案例如下。

白杨礼赞（节选）

这／就是白杨树，西北极普通的一种树，然而／决不是平凡的树！／／它／没有婆娑的姿态，没有屈曲盘旋的虬枝，也许／你要说它不美丽，——如果美／是专指"婆娑"／或"旁逸斜出"之类而言，那么白杨树算不得树中的好女子；但是／它却是伟岸，正直，朴质，严肃，也不缺乏温和，更不用提／它的坚强不屈与挺拔，它是树中的／伟丈夫！当你／在积雪初融的高原上走过，看见平坦的大地上／傲然挺立这么一株或一排白杨树，难道你就觉得它只是树，难道／你就不想到它的朴质，

严肃，坚强不屈，至少也象征了北方的农民；难道／你竟一点也不联想到，在敌后的广大土地上，到处有坚强不屈，就象这白杨树一样傲然挺立的／守卫他们家乡的哨兵！难道你又不更远一点想到这样枝枝叶叶紧靠团结，力求上进的白杨树，宛然象征了今天在华北平原／纵横决荡用血写出新中国历史的／那种精神／和意志。//

白杨／不是平凡的树，它在西北极普遍，不被人重视，就跟北方农民相似；它有极强的生命力，磨折不了，压迫不倒，也跟北方的农民相似。我赞美／白杨树，就因为／它不但象征了北方的农民，尤其象征了／今天我们民族解放斗争中／所不可缺的朴质，坚强，以及力求上进的精神。//

让那些看不起民众，贱视民众，顽固的倒退的人们／去赞美那贵族化的楠木（那也是直挺秀顽的），去鄙视／这极常见，极易生长的白杨罢，但是我要高声赞美／白杨树！

在课堂教学中，恰当的停顿可以帮助学生理解教师所传授的内容。一位教师在讲《荷塘月色》一课时，是这样表达文章的中心思想的：

作者以细腻的笔触／描绘了／月光下荷塘的／美妙景色，表现了／作者不满现实、不愿意向旧势力低头，但一时又找不到前进方向，因而寓情于自然景色的／寂寞怅惘的／心情。

教学言语的停顿，可分为以下几种。
（1）强调性停顿
为了加强学生对所讲知识的理解，在讲中或讲前有意识地停顿。例如：

这种写作方法叫作（有意识地停顿）"欲扬先抑"。

（2）提示性停顿
为了引起学生的思考，有意识地停顿一会儿，供学生思考，甚至等待学生回答。例如：

有道理，这里可以用一句话来概括……

（3）引用性停顿
教师在教学中有时要引用别人的话，为了提示引用，教师会在引用

前先停顿一下，学生便清楚地听出教师所引用的话语。例如：

雷峰塔是一座古塔，如果你带着欣赏的态度，也许会说它（停顿）"古色古香""古朴苍劲"。

（4）制造戏剧效果的停顿

在教学中，为了使教学言语生动、风趣、幽默、诙谐，增加言语的表现力，教师会有意识地制造停顿。常见的有卖关子、歇后语、抖包袱、谐趣等技巧性停顿。例如：

今天，我给大家讲几个新的歇后语，这就叫路瓦栽夫人借项链——穷出风头；路瓦栽夫人丢项链——乐极生悲；路瓦栽夫人赔项链——自讨苦吃。（学生大笑）

这位教师用自造的歇后语概括了课文的内容意义，同时制造了生动风趣的言语效果。下面这个例子教师使用了"卖关子"的方法：

我很想多讲一会儿，我想同学们也愿意多听一会儿，不会提出反对意见。可惜，有那么一位勇敢的同学总在那儿叽哩咕噜提抗议，让我按时下课。这位同学是谁呢？

讲到这里，教师故意停住了，学生面面相觑，不知教师说的是谁。这时教师又开口了：

他就是你们的肚先生！

学生全都笑了，教师在一片欢声中结束了讲课。

语调要丰富

语调是指贯串整个句子的语音高低升降的变化模式。它主要由音高构成，同时也受音长、音强等因素的影响。语调也是表情达意不可或缺的因素，在口语中显得极为重要。

1. 平直调（→）

句子语势平直舒缓，没有显著变化。一般表示庄严、悲痛或冷淡、沉重等感情。陈述、说明的句子用平直调。

①海睡熟了。大小的岛拥抱着，偎依着，也静静地恍惚入了梦乡。

②猪八戒听说要去找瓜果，口水都要流出来了。心想：哎，让我跟猴子一起去吧，要是找到瓜果，我老猪可以先吃个痛快。

③渭城朝雨浥轻尘，客舍青青柳色新。

2. 高升调（↗）

句子语势先低后高，句末音节语音明显上升。一般表示疑问、反诘、号召、惊讶等感情。疑问句、感叹句可以用高升调。

①亲爱的同志们，当你们看到这个题目时，你们一定会觉得惊讶：刑场上怎么举行婚礼？婚礼又怎么能在刑场上举行？

世界上还有比这样在敌人的刑场上举行的婚礼更动人的吗？古今中外，有谁看见过像陈铁军烈士那样在临刑前用敌人的枪声来为自己的婚礼庆贺的女英雄呢？

②暴风雨！暴风雨就要来啦！

这是勇敢的海燕，在闪电之间，在怒吼的大海上高傲地飞翔。这是胜利的预言家在叫喊：——让暴风雨来得更猛烈些吧！……

③起来，不愿做奴隶的人们！

3. 降抑调（↘）

句子语势先高后低，逐渐降低，句末音节说得低而短促。陈述句子可以用降抑调，表示坚决、赞扬、祝愿、恳求等感情。

①勇士们，我将加入你们的队伍。

②白杨树实在是不平凡的，我要高声赞美白杨树。

③妈妈给了我们坚强的性格、上进的精神，我的妈妈是世上最好的妈妈。

4. 曲折调（／﹏）

句子语势有"低—高—低"的曲折变化，或者句末一二个音节语音曲折并且拖长，表示惊讶、怀疑、讽刺、幽默的感情。

①人的身躯怎能从狗洞子里爬出！
②火烧到邱少云身上了。

教师要准确地运用升降，使自己的语调富有准确性和丰富性。准确性，是指语调的升降和要表达的意思完全一致。同是一个"啊"，对学生的回答做出反应，答对了，就用平直调，表示认可；答得很正确，就用降抑调，表示肯定；创造性地答出，就用曲折调，表示惊叹；答偏了、答错了，就用高升调，表示提醒，等等。丰富性，指语调运用的多样化。教师应善于把不同语调的句子交错使用、和谐配置，这样才能使语言抑扬顿挫，起伏有致，富有韵律美。

教师语调的单一，是教师言语呆板无生气的重要原因。教师应该能够随心所欲地使用不同的语调进行教学，来表达自己丰富的情感。

例如，一位教师在讲《我的战友邱少云》一课时说了下列一段话：

"他不敢看，不是害怕而是不忍心看。"（平直调）我同意这种说法。火烧在战友身上，疼在作者的心里，"我"怎能看着战友活活被烧死呢？（曲折调）但为什么非看不可呢？作者与邱少云心连着心，它们之间的深厚感情又怎么能使作者忍住不看呢？（曲折调）作者这段话语调运用丰富多变，节奏感强，感情抒发细腻，很能打动学生。

语气要生动

语气，从字面上理解，"语"是通过声音表现出来的"话语"，"气"是支撑声音表现出来的话语的"气息状态"。简单地说，语气就是通过不同的声音和气息表达出不同的语意和情感的说话方式状态。说话人在不同的情绪、情感中，会自然而然地使用不同的声音、气息来说话，而不同的人在大致相同的情绪、情感状态下说话，声音气息形成一些相同的特点。例如，处于爱心激荡时，说话声音轻柔缓和，气息轻微缓慢，就形成一种表达爱意的特有语气，即轻软亲切的语气。

教师口语的语气表达，是体现教师的语言能力的一个重要方面，必须引起重视。苏立康曾对教师语言的"语气色彩"进行过研究，他把语气色彩分为八种情况：①气徐声柔的色彩，表达爱的感情，使人感到温和而又亲切；②气足声硬的色彩，表达憎的感情，使人有受到威胁、受到挤压之感；③气满声高的色彩，表达喜悦之情，使人有流畅、跳跃之感；④气沉声缓的色彩，表达悲哀的感情，使人有沉重、迟滞之感；⑤气短声促的色彩，表达心急如焚的感情，使人有紧迫之感；⑥气少声平的色彩，表达冷淡的感情，使人有疏远、冷寂之感；⑦气粗声重的色彩，表达愤怒的感情，使人有震动之感；⑧气细声粘的色彩，表达疑虑、疑问的感情，使人有犹豫、困惑之感。他的论述对于我们认识教师口语的语气表达是有启发性的。

语气生动，是教师口语表达追求的目标。而生动是以适切为前提的。不同的语气类别必须为不同的内容和情境服务。教师必须善于根据特定的言语内容、言语对象、言语场合与言语目的，使用不同的语气，恰如其分地表达自己的情感态度。只有这样，才能取得好的表达效果。例如，一位大学领导在回忆中学时代的生活时写道：

……那年秋天，我升入初中二年级。在新开设的几门课程中，我最感兴趣的是物理课。每当考试完，出于儿童的心理，总想尽早知道自己的成绩。有一次考试完，我去问老师我得多少分。没想到老师却亲切地说："你不用问。"话语中充满着喜悦和信任，他那慈祥的眼神好像说："你物理学习得很好，理所当然得一百分！"以后历次物理考试，他总是笑眯眯地对我说"你不用问"。老师这种信赖的评语，激发了我对物理这门课的极大兴趣。

"你不用问。"这句话之所以能产生这样好的效果，主要是这位教师是以"亲切"的、"充满喜悦和信任"的、肯定的、赞扬的语气，并伴随着"慈祥的眼神"和"笑眯眯"的表情说出来的，语气中深切地表达了教师对学生的爱。试想，若这句话是以生硬的、冷淡的、不耐烦的语气，

并瞪着眼、板着脸说出来的，还会有这样好的效果吗？

节奏要鲜明

寒来暑往，这是自然界的节奏；兴盛衰败，这是人类社会的节奏；跌宕起伏，这是各类艺术的节奏。总之，大千世界无不有节奏。作为反映有节奏的万事万物的教师的语言，也必然有它的节奏。如果没有了节奏，教师语言就失去了吸引学生的力量和魅力；如果有了节奏，在教育教学中，忽而气势磅礴，忽而情意绵绵，忽而流畅明快，忽而婉约回荡，形成相互交错、变化有致的节奏美，从而能够紧扣学生心弦，完成教育教学任务。

说到语言的节奏，就不得不提到语言的音节，因为音节是构成语言节奏美的基础条件。

音节是语音的自然单位。任何一句话，都是由一个个音节组合而成的。音节的配合直接关系语言的表达效果。

音节的配合有一定的规律。汉语的词从音节的角度看，有单音节词、双音节词和多音节词之分。音节配合首先要考虑词语音节的多寡，一般来说，单音节词与单音节词配合，双音节词与双音节词配合，容易协调，而单音节词与双音节词的配合则较多地受前后的语音环境的制约。杨朔在《荔枝蜜》中说：

蜜蜂是在 ＿＿＿ 酿蜜，又是在 ＿＿＿＿＿ 酿造生活，不是 ＿＿＿＿ 为自己，而是 ＿＿＿＿ 为人类，＿＿＿ 酿造最甜的 ＿＿＿ 生活。

"酿"和"酿造"同义，作者让单音词"酿"和"蜜"结合，让双音词"酿造"和"生活"相配，符合语音的自然节律，读起来和谐顺畅。若说成"酿造蜜""酿生活"便十分拗口。句中单音词"为"与双音词"自己"搭配，但与下文的"为人类"同构呼应，因而也就显得和谐了。并列表述时，一般是音节少的词放在前面，音节多的词放在后面。例如，我们说"桌上有钢笔、书包、粉笔盒。"而一般不说："桌上有钢笔、粉笔盒、书包。"

音节配置除了考虑音节的单双多寡，还需要注意音节的发声特点。有时，在同一语句中过多地出现音色相同或相近的音节，会造成不和谐。

例如，说"这段话着重写荷叶和荷花的美"不如说成"这段话着重写荷叶与荷花的美"更上口。不过，把相同或相近的音进行有规律的组合，却又是协调音节的一种有效手段，如修辞中的"同现""押韵"。另外，调平仄也是利用发音特点协调音节的方法。"是'张三李四'好听，'张三王八'就不好听。前者二平二仄，有起有落；后者四字皆平，缺乏扬抑，四个字尚且如此，那么连说几句就更该好好安排一下了。"

音节的和谐配置，是形成语言节奏感和韵律美的基础，是提高教师口语表达效果的重要手段。一位教师在教《阿Q正传》时这样说：

阿Q精神，是庸人的自我解脱，是懦夫的自我辩护，是奴才的自我麻醉。它使人失掉自尊，甘为奴才；

它使人浑噩麻木，不求进取……

这段话，音节整齐对称，和谐流畅，富有鲜明的节奏感和音乐感，使学生听了爽心悦耳。既加深了对内容的理解，又提高了听课的兴致。

音节和谐、节奏鲜明的语言还能加深学生的记忆。例如，一位数学教师在教学生背公式（a+b）\ +2=a \ +2+2 ab+b \ +2 时说：

a平方，b平方，
两个ab坐中央。

在讲同角三角函数关系时，概括说：

一角函数邻面积，
对角函数积为1。

凭借简练的语言、鲜明和谐的节奏，学生很快就牢牢地记住了这些内容。

第八章

教学表达的方法

讲述说明法

　　给学生传授自然科学、社会科学和人类文化历史的知识，教学生正确的待人待物，人际关系的文明礼貌知识，离不开教师的讲述说明。

　　讲述说明是教学语言的第一种表达方式，应用非常广泛。

　　教学语言中的讲述，是教学中传授知识的首要方式。不管是理科教学还是文科教学，不管是大学教学还是中小学教学，讲述都是教师所使用的主要表达方式。教学中，需要把知识产生的发生、经过、变化的过程，把学科中所涉及的自然界和人类社会中的现象发生、发展、变化的过程讲给学生听，需要把人物的经历讲给学生听，需要把某种方法、技巧教给学生，需要把使用的方法讲给学生，所有这些，都离不开教师的讲述。

　　讲述，是教学中沟通人际关系的重要方式。教学中，师生之间要有种种沟通，如情感、言语等。沟通的方式和手段也不仅一种，有的靠表情，有的靠动作，有的靠语言。讲述就是语言沟通中的重要方式。学生要向老师叙述他迟到的原因和经过，叙述他预习功课的经过，叙述他学习的困难所在、他的心情感受变化，等等；教师也要常常向学生讲述他自己处理某些事情的经过，他自己的某些经历、自己学习的困难及克服办法等。教师无论是批评学生还是表扬学生，都要讲述学生的所作所为，要讲述榜样人物的所作所为。

　　讲述的特点有固定的句型组合。讲述是以叙述句为主的句式的组合。使用叙述句，只做客观叙述，不做主观评议，不分析事理原因，只叙述事实、事件的过程。叙述句多是由动词充当谓语的句子，大多有宾语，可以加表示时间变化的词，如"在、着、了、过"等。例如：

　　师：在回答这个问题前，我先给你们讲个故事。古时候有两个人，一个叫伯牙，一个叫钟子期。伯牙喜欢弹琴，弹得非常好。钟子期在旁边听着。有一次，伯牙弹到描写高山的音乐时，钟子期在旁边说："善哉峨峨兮若泰山。"妙呀，弹得真好啊！高啊，像泰山一样巍峨。当伯牙弹到描写流水的音乐时，钟子期又说了："善哉洋洋兮若江河。"好啊，真高明啊，弹得像江河一样，滔滔不绝。伯牙非常高兴，他觉得钟子期非常了解他，一听到他的琴声就知道他弹的是什么。后来，钟子期死了，

伯牙觉得世界上再也没有像钟子期这样了解他的人了，他就不再弹琴了。人们就把对某个人的特长特别了解的人叫"知音"。知音人就是对自己情况特别了解的人。

这段教学语言以讲述为主。全段除了中间两个感叹句是对讲述中两句文言的翻译、段末的两个判断是解释，其余句子都是叙述句，并且使用了许多表示时间的副词或助词。这些时间词有的表示上下句动作的连续性，有的表示一个动作的持续状态。

教学语言中的讲述，首先要注意处理好概括与详细的关系。

教学的时间性很强，每节课都有一定量的知识教学目的的要求，讲述一定要注意时间性。一般来说，教学中讲述人物经历、事件、现象的发生、发展变化过程，讲述事例以说明某一问题，等等，都不必要讲述得过于详细具体，大多以概括性地讲出时间、地点、人物、事件等基本要素就可以了。讲述不可能像写文章那样展开具体叙述，把发生在很短时间内的事写得很长，不仅写出干什么，还要详细地叙述出他怎么干的，他做事时的心理、想法、言语等。讲述的概括要求把事件的经过讲清楚即可，不必展开具体情景、具体场面的详细叙述。

例如，一位学生这样叙述了自己在华山抢险救人的情况：

五月一日这天，我和同学兴致勃勃地游览西岳华山。大约早晨七点，来到了称为"太华咽喉"的千尺幢。这里的奇险名不虚传，仰面一条裂缝，从上到下镶嵌在陡壁上，上面开凿了一级一级的台阶，很像悬挂在云彩里的天梯。游人手抓锁链，艰难地向上攀登。我们爬到千尺幢中段，突然听到一声绝望的惨叫，霎时，数不清的帽子、鞋子、提包、照相机漫天飞舞。我脑子里"嗡"的一声，意识到出事了。周围的一些游人，趴下身子，低下脑袋，双手紧紧抓住锁链，躲避这场突然袭来的灾难。

以上这段叙述，把事情发生的时间、地点、经过叙述得很明白，听起来惊心动魄，给人们留下了深刻的印象。

教学语言中的讲述，要注意讲清楚。要把时间、地点、人物、事件、原因这五要素讲清楚，要按一定的顺序讲述，要注意人称的转化，要注意视角的转换。

讲述顺序的不同，形成讲述方式的不同。按照事件发生的时间顺序讲述，是顺叙；把事件结局或某个片断提到开始讲述，是倒叙，如语文课文《祝福》；在讲述的过程中插入另一段叙述，当插入的叙述结束后，再续接原讲述的顺序继续讲述，为插叙。使用插叙时，要注意与原讲述顺序衔接，不要让插入的讲述与原讲述的顺序相混。

教学讲述中，人称的问题很重要。讲述的人称不清，往往令学生听不明白。教学讲述是以老师的角度向学生叙述的，教师往往以第一人称"我"或"我们"开始他的讲述，又以"你"或"你们"来称呼学生。比如："下面我讲个故事，你们注意听。"但是，在教师讲故事的过程中，因为故事里有很多的人物，这时就极易发生故事里人称不清楚的问题，令学生听不明白。在插入事例、插入故事的讲述中，一定要注意人称的转换。

教学言语的讲述，要注意头绪清楚。讲述头绪不清楚，也会使学生听课困难。教学的讲述头绪要安排合理，总头绪应该是教学的主线，即教学的主要内容。在总头绪下，可以插入几个插叙，几个插叙又各形成一个头绪。这几个插叙的头绪不可牵扯过长，牵扯过长会影响总头绪的清晰。例如：

麦克斯韦在1855至1856年写出了第一篇论文《论法拉第的力线》，是在剑桥大学哲学会上宣读的。那时他只有24岁。1862年他提出第二篇论文《论物理的力线》，表述了法拉第力线理论的数学形式，受到法拉第本人的称赞。1864年，他在英国皇家学会报上发表了名为《电磁场的动力学理论》的第三篇论文，概括了电磁学有关实验定律与重要实践，完成了电与磁统一的理论。

这一段教学讲述了麦克斯韦建立电磁统一理论的经过，由3个叙述句组成，以时间为主线，条理清晰，语言平实简洁，表达清楚明了。

提问置疑法

学问，关键在一"问"，南宋一学者说："读书无疑者，须教有疑，有疑者无疑，至此方是长进。"科学家爱因斯坦说："提出一个问题往往比解决一个问题更重要。"作家巴尔扎克也说："打开一切科学的钥匙都毫无疑义是问号。"实践证明："教师的提问语是教师语言的重要组成部分，它是沟通教师和学生思想感情的纽带，它是连接未知和已知的桥梁，它既是体现教者意图的指针，又是激发学生思维涟漪的石子。"

教师提问的方法多种多样，从教师的自问自答和答案即在问中看，有设问和反问；从引起学生思考和要求明确回答看，有引入课题问和得出结论问；从针对全班学生提问和指名道姓提问看，有泛问和专问；等等。不论是什么方式的问，关键是，一看提问是否准确，即是否直指问题实质要害；二看是否有启发性，让学生充分动脑后能够回答出来。否则，要么问得太平直，太浅易；要么问得太深奥，太艰涩；要么问得太笼统，太广泛，都达不到提问的目的，当然也就谈不上提问的语言艺术了。

提问的形式丰富多彩，作用也各有特点，下边举几种常见类型供各位教师在训练时参考。

（1）诱导式提问。通过所提问题诱导学生按问题的方向去思考，最后得出正确的结论。可以是一个问题，也可以是一连串问题。如程翔老师执教《孔乙己》中的一段：

师：在第一段中，作者写了两种人，是哪两种人？它们在喝酒的形式上有什么不同，请同学们回答。

生：写了两种人，一是穷人，一是富人。它们的不同表现在：穷人穿短衣，在柜台外边，站着喝酒；富人穿长衫，在柜台里边，坐着喝酒。

师：回答得很好。作者写贫富悬殊的社会现象，与表观孔乙己有什么关系？

生：为表现孔乙己特殊的身份做铺垫。孔乙己是站着喝酒而穿长衫的唯一的人。

师：用今天的话说，这叫什么分子？

生：知识分子。

师：是上层知识分子吗？

生：下层知识分子。

师：是大知识分子吗？

生：小知识分子。

师：对。孔乙己既不是富人，也有别于穷苦的劳动人民。他是一个下层小知识分子。

老师通过一连串提问，引导学生得出对孔乙己身份的正确答案。

（2）激励式提问。通过提问激发学生思考问题、回答问题的兴趣，从而获得问题的圆满答案。例如，一位老师上《夜走灵官峡》一课时，为了让学生认识神态描写在人物形象塑造中的作用，特地做了这样的安排：

老师首先提出问题："在'我'的眼里，成渝是个什么样子的孩子呢?"然后朗读课文的有关语句，读时故意省略掉课文中表神态的词语。随着朗读结束，同学们眼睛里流露出质疑和犹豫的神情。

师：我读错了吗？

生：你漏读了"傻呵呵地"。

生：还漏掉了"忽闪忽闪地"。

生：还有，漏掉了……

师：哇，你们的耳朵真厉害！不过，去掉这些话，不是更简洁吗？

生：不，没有"傻呵呵地"，不能表明成渝的认真劲儿。

生：去掉"挺起胸脯""用舌头"（舔着嘴唇），成渝的活泼可爱就表现不出来了。

生：成渝的眼睛"忽闪忽闪地"才显出他的机灵。

老师巧妙地设计问题，并用"我读错了吗？"激励学生发表自己的观点，让学生在浓浓的兴致中学习语文知识。

（3）比较式提问。用比较的手段来提问，使学生在比较中认识问题的答案。例如，教《荔枝蜜》问：蜜蜂和黄蜂你喜欢哪一种，为什么？教《孔乙己》问：写孔乙己掏钱买酒的动作，前一次用"排"，后一次用"摸"，有什么不同的含义吗？教《中国石拱桥》问：作者已经举了赵州桥为例，为什么还要举卢沟桥为例？

（4）追问式提问。学生在老师的层层追问下紧张思考，最后接触到问题的本质。例如，一位老师上《荷塘月色》中的一段：

师：从哪些段的哪些语句中我们可以直接窥视到缠绕于作者内心的思想和情感呢？

生：第一段的有"这几天心里颇不宁静"。第三段的有"我也像超出了平常的自己"，还有"便觉是个自由的人""我且受用这无边的荷香月色好了……"

师："且"字怎么讲？

生：暂且。

师：对的。暂且，姑且。还有哪些语句呢？

生：第六段，"热闹是他们的，我什么也没有"。

师：这个"我什么也没有"是一种什么感觉？

生：……失落感。

师：是的。茫然失落。想有所寄托但又无可寄托，才会茫然失落。那么作者原来想寄托什么呢？

生：……

师：作者为什么要在这样一个月色清明的夜晚独自跑到荷塘边上来呢？

生：他心里不宁静。

师：为什么不宁静呢？

生：对现实不满。……对当时的现实不满。

师：从课本"提示"中我们知道，这篇散文写于1927年，作者对当时黑暗严酷的社会现实不满，于是感到——

生：苦闷。

师：由于苦闷，很自然地就想怎么样啊？

生：希望排除苦闷。

师：噢，想从苦闷中解脱出来。他解脱得了吗？

生：不能。

师：那么课文里写"我也想超出了平常的自己，到了另一世界里"，怎么理解呢？

生：幻想解脱苦闷。暂且解脱。

师：是暂且解脱。后来呢？

生："什么也没有"。

师：哦，是刚才提到的茫然失落。作者想在"无边的荷香月色"中找到一个宁静的世界，可最终还是失败了，产生了"我什么也没有"的失落。

深刻理解作者在这篇散文中的复杂心境，对于青少年学生是个难点，老师不停地追问，终于让学生理解了"我什么也没有"的内涵。

不管哪一种提问，都应该目的清楚，内容明确，切合对象，浅显易懂。否则，起不到提问的作用。

评价判断法

评价判断，是指教师对学生的学习成果做出评点和估价的教学语言形式。关于教学语言，以往研究者较多地关注提问、讲述等形式，而对评价判断语言却注意不多。评价判断，同样是教学语言的基本形式之一，在教学过程中具有不容忽视的作用。

评价判断是教师对学生反馈信息进行处理的主要方式之一，是教与学之间进行和谐融洽的沟通的不可或缺的环节，也是提高教学质量的重要途径。

评价判断的语言应做到以下几点。

首先，态度鲜明。

教师对学生学习结果的评价判断，应该有一个明确的态度。对的就加以肯定，错的就给予否定并帮助其改正。教师若对学生的回答或看法不置可否，态度含糊，就会造成学生认识上的模糊和混乱。例如，《变色龙》一课结尾处有警官奥楚蔑洛夫的话：

这小狗还不赖，怪伶俐的，一口就咬破了这家伙的手指头！哈哈哈……得了，你干什么发抖呀？呜呜……呜呜……这坏蛋生气了……好一条小狗……

有个学生问："'这坏蛋'指的是谁？"一个学生说："是赫留金。"另一个学生说："指小狗。"两人相持不让，其他学生也议论纷纷。而老师对此却不置可否，自己讲起课文的中心思想来。或许这位老师一时拿不定主意，但也不能不闻不问。他若引导学生论述各自的理由，或许可以做出正确的选择。另一位老师在讲这一段文字时就处理得比较好。

师：这里的"坏蛋"到底指谁？
生：指赫留金。因为他没有拿到钱生气了。
师：能独立思考，这很好。但还要再深入地想一想。这段话里有很

多省略号，起什么作用？奥楚蔑洛夫在说这些话时，他正在做什么？

生：在逗小狗。

师：他正在像逗小孩子似的逗小狗。你看前面小狗在发抖，于是他去逗它了。这省略号里包含着许多动作，他逗着，逗着，逗得小狗生气了，然后他又赞扬小狗，说"这坏蛋生气了"，这坏蛋我看是指小狗，如果指赫留金，那文章就不大有味道了。这里说"坏蛋"是一种倒辞，表明了奥楚蔑洛夫的丑态。

这位老师的评价，不但有鲜明的态度，而且有充足的理由。这样使学生很快改变了自己的看法，接受了老师的观点。在这方面，一些优秀教师的教学中，也偶见疏误。下面是一位教师在上《春》一课时的案例。

生：（朗读第八、九、十节）"春天像刚落地的娃娃……领着我们上前去。"

师：请坐。作者用了什么手法？

生（有的）：比喻。

生（有的）：拟人。

师：比喻还是拟人？

生（集体）：拟人。

师（引导学生理解这三段内容后说）：因此我认为，这三个比喻呀，各有自己的内容，但又是互相联系的。

课文这三段用的是什么修辞手法，学生意见有分歧，老师进一步问是"比喻还是拟人"，学生齐答"拟人"，老师没有否定，似乎是认可了，但在下面又说是比喻，这容易造成学生认识上的模糊，事实上这三段可看作比喻和拟人兼用。

其次，准确客观。

教师的评价要准确科学，实事求是。既不能一概肯定，都说"好好""对对"，误把错的也当对的；也不能随意否定，凡不符合自己定的"框框"，哪怕学生有道理也予以否定。正确的做法是，对学生的回答或看法进行客观的实事求是的分析，对的就肯定，错的就否定，不全面的则予以补充，中肯地做出评价。一位教师教《郑人买履》一课，要求学生

翻译"至之市，而忘操之"一句，一位学生说："到了集市上，却忘了带尺码。"另一位学生说："等到去集市时，却忘了带尺码。"老师评价说："好！两位同学说得都很对。"其实这位老师的评价是不合理的。两位同学对这句话的理解并不一样。这主要是对"至之市"的解释不一致。"至"是"到，等到"之意，"之"是"往，去"之意，"市"指"集市"。"至之市"应释为"等到去集市时"。后一位同学是对的。"等到去集市时"和"到了集市"是两个不同的时间概念。前者指出发之际，后者指已到集市。从逻辑上讲，尺码放在家里，忘记带，应是指出发之时，到了集市后，只能说发现没带，这位老师不加分析地一概肯定，违反了评价语言的准确性和科学性。

最后，讲求方法。

评价应注重方法。方法得当，就能增强评价的效果。如钱梦龙、朱雪丹老师的"夸奖式评价法"，黄逸萍老师的"命名式评价法"，都使用得非常成功。再请看下面的例子，一位老师在上《正月小八吃元宵》这篇课文时，提出一个问题：

韩铁匠分元宵，手头究竟有准儿还是没准儿？

同学们一下子活跃起来，有的说"没准儿"：

韩铁匠分到后来，他自己都没有啦，这不是没准吗？

有的则说是"有准儿"：

因为他心中有共产党员的一杆秤，先人后己，所以他自己才没有分到。

这时老师评点：

表面上看韩铁匠没准儿，实质上他有准儿。

两位同学各说了问题的一半，看似矛盾，实则统一，老师辩证的一句话把他们的思路给接通了。再如，一位老师教《火烧云》第三自然段

时抓住"还有些说也说不出来，见也没见过的颜色"一句，让学生具体化。老师说：

作者说还有些颜色说也说不出来，你能不能说几个，"红彤彤""金灿灿"这种形式，后面重叠的？

一位学生说：

绿油油。

同学们都笑了起来。老师评价说：

重叠倒是重叠了，可用了"绿油油"，天上的火烧云就成了内蒙古大草原了！

同学们大笑。这位老师用了"引申式评价法"，对同学不正确的回答进行引申，让大家立即感到它的不合理，并予以纠正。运用这种方法，往往能产生幽默风趣的效果，起到活跃课堂气氛的作用，同时也使答错的同学不会觉得有压力。又如，一位老师上《药》一课，请学生分析作者对华老栓这个人物的态度：

生：既表现了同情，又有所批判，同情他的贫困生活，批判他的麻木不仁。
师：说得对，哀其不幸，怒其不争。

这位老师运用了"概括式评价法"，他在肯定学生的同时，用更简洁的语言，对学生的话进行概括。既加深理解，又便于记忆。评价的方法多种多样，再如"赏析式评价法""婉言式评价法""暗示式评价法"等，都是行之有效的方法，教师在具体评价时可以根据特定情境创造性地运用。

释疑解惑法

释疑解惑是教师最基本、最本质的工作之一。

在教学中，学生会提出各种各样的疑问，这是好事，反映了学生可贵的探索精神。古人云："学贵知疑。""疑者，觉悟之机，一番觉悟，一番长进。"而在教学过程中，学生由"疑"到"觉悟"从而获得"长进"，主要是通过教师释疑解惑的途径来实现的。可见释疑解惑是教学语言的一种重要形式。

那么，释疑解惑需要哪些语言技巧呢？

1.直释法

即教师抓住所提问题的实质予以直截了当的回答。例如，《变色龙》一课开篇有"上帝创造的这个世界"一句，学生不解，问为什么要这样写，老师解释说：

上帝创造世界，这是宗教里一种迷信的说法，上帝创造的世界应该是幸福的，美好的，可是当时的社会美好吗？幸福吗？不美好，也不幸福，所以这里用讽刺的手法，是一种反语。

运用直释法，学生较容易直接把握问题的答案。又如，上《药》一课，学生问：华老栓去买药的路上，"有时也遇到几只狗，一只也没有叫"，为什么不叫呢？这里有什么意思吗？狗是不是指反动派？一位老师回答说：

这得问那几只狗。要是鲁迅写狗叫了，你可能问：为什么叫呢？有什么意思？——不过我想还是写成没有叫比较合适。从文中的描写看，去看杀头的看客比较多，遇到的狗多了，便不觉得稀罕，不高兴叫了。

这位教师运用直释法直截了当地回答了学生的问题，语言风趣有味。直释法是一种传统的、也是最基本的释疑方法。《论语》中大量的篇幅是孔子为弟子释疑，而孔子用得最多的便是直释法。例如，子贡问曰："孔文子何以谓之文也？"子曰："敏而好学，不耻下问，是以谓之文也。"运用直释法，学生能直接迅速地把握问题的答案。其不足是学生缺乏思考的余地。

2.曲示法

即对学生的提问不做直接的正面的回答，而是运用比喻、引用、假设等艺术化手法曲折巧妙地表示出来。如对于"同样的题材为什么要选

择不同的体裁去表现"这个问题，一位老师解释说：

一块劳动布，你是用它做连衣裙呢，还是做工作服？不审体裁，就像一个昏裁缝，拿过剪刀把一块劳动布剪成连衣裙，把一块花的确凉剪成工作服。

这样的回答让学生从具体的形象中感悟到抽象的道理，从而加深对问题的理解。再如，上《闻一多先生的说和做》一课，学生问：闻一多先生是怎样一个人？一位老师向学生朗诵了闻一多先生的《红烛·序诗》中的句子：

请将你的脂膏，
不息地流向人间。
培出慰藉底花，
结成快乐的果子。

并说：

这就是闻一多先生的写照，闻一多先生就是一支红烛。

接着他联系闻一多先生的事迹对诗句进行了简要的解释。这种回答具有迂致曲达的效果，十分耐人寻味。

3.反弹法

即把学生提出来的问题反弹回去，由学生自己来解决。例如，一位老师上鲁迅的《孔乙己》一课，学生问：

文章最后一段说："大约孔乙己的确死了。"这一句中的"大约"和"的确"是矛盾的，作者为什么要这样写呢？

老师说：

对！她提出的问题确实是一个有价值的问题。"大约"和"的确"

是矛盾的。请问作者为什么要这样写呢?

他把问题反弹给学生。有两个学生回答了,但不得要领,第三个说:

我觉得这一句可以这样理解:孔乙己在社会上没有地位,又很穷,他的死没有人知道得那么确切,只能根据推测来判断,所以用"大约"一词。而推测的根据是孔乙己一生的遭遇,说明他的死是必然的,所以要在后面用"的确"这个词。

这位学生的解释基本上把握住问题的要领。反弹法,能有效地调动学生的思维积极性。再如,《珍珠赋》一文中,用"芙蓉花开的日子"来表示季节,一个学生问:

字典上说芙蓉有两种,木芙蓉和水芙蓉,它们开放季节不同,本文究竟指哪一种,指什么季节?

这个问题有一定的难度,但只需仔细阅读课文,还是不难找到答案的,于是,这位老师不做正面解答,把问题弹回给学生:

你们说呢?

学生热烈地发表意见。一位同学说是"水芙蓉",他引了杨万里"毕竟西湖六月中,风光不与四时同,接天莲叶无穷碧,映日荷花别样红。"的诗句加以证明。说文中也是写的花红叶绿,一湖好水,因此"芙蓉花"是指水芙蓉,"芙蓉花开的日子"是指六七月份。另一位同学对这位同学解作"水芙蓉"表示同意,但不同意判断为"六七月份",他引述了课文中的有关语句进行分析,证明是金色的秋天,秋收季节。学生你一言我一语,思维活跃,课堂气氛热烈。这样既解决了问题,又锻炼了学生的思维。这是运用反弹法的好处。

4.点拨法

即教师不直接说出问题的答案,而在关键处稍做指点,开启一条解决问题的思路,让学生自己悟出问题的答案。例如,钱梦龙讲《故乡》

一课时，有个学生问：

课文中杨二嫂说："你现在有三房姨太太"……鲁迅先生不是只有一个叫许广平的夫人吗？

钱老师对这一问题没有予以直接回答，只点出：

文艺作品中的"我"是不是作者自己，只要看这作品的体裁是不是小说就行了。

据此，学生用推理证明：《呐喊》是小说集，《故乡》是从《呐喊》中选出来的，当然是小说。从而悟出《故乡》中的"我"不是"鲁迅"，而是作品中的一个人物形象。"开而弗达"是点拨法的主要特点。又如，上《白杨礼赞》一课，一位学生提出一个问题：

文章第三段写作者看到高原上极普通的白杨树会"惊奇地叫了一声"，我看有点大惊小怪，写得不真实。

另一位学生答道：

作者惊叫一声是合乎情理的。长途汽车上人恹恹欲睡，眼前景色又单调乏味，这时"刹那间""猛然抬眼"看见"傲然耸立"的白杨树，精神为之一振，所以才惊叫的。

那位学生并不服输：

精神一振也犯不着惊叫嘛。

同学们七嘴八舌争论起来。这时教师点拨说：

思考问题一要联系课文思想内容，二要捕捉关键词语。作者为什么惊叫，有关键词语吗？找找看。

一位学生说：

课文第三段"像哨兵似的树木"中的"哨兵"是关键词语。暗示作者看到的是人格化了的白杨树，是保卫家乡，保卫黄土高原的哨兵，油然而生敬意，情不自禁地惊叫起来。

教师予以肯定后，继续点拨：

其实，作者"惊叫"的原因不止一个，从不同的角度可以悟出不同的道理来。还能不能从写作背景、构思创作等方面来想想看？

教师引而不发，有意让学生的思维溅出更多的火花。一位学生说：

作品写于抗战相持阶段。作者目睹了国民党消极抗战的种种事实，在踏上黄土高原后，深深感受到解放区军民的了不起，真正看到了我们民族的前途和希望，对白杨树的一声惊叫，实在是对延安抗日儿女的叫好，对民族革命精神的喝彩。

又一位学生说：

本文是运用象征手法的抒情散文。"一声惊叫"正是作者触景生情，涌出礼赞之情的瞬间写真。

在教师的点拨下，学生完满地解决了问题。

5. 诱导法

指教师不直接说出答案，而是一步步引导学生寻求问题的答案。例如，一位老师讲鲁迅的《祝福》一课时，有个学生就鲁四老爷骂人的话提出疑问，下面是老师的释疑：

生："不早不迟，偏偏要在这个时候——就可见是一个'谬种'。"鲁四老爷为什么不把话说完整？这样写有什么用意吗？

师：这个问题提得很好。大家先想一下，鲁四老爷这句话略去的部

分可能是什么？

生：死了。

生：老了。

师：他为什么不说"死了"呢？

生：因为鲁四老爷讲究迷信，忌讳很多，在祝福时不愿意提及死亡一类的事。

师：那又为什么不说"老了"呢？

生：说"老了"含有尊敬死者的意思。在他看来，祥林嫂是个"谬种"，他是不愿意这样说的。

师：讲得很好。可见这句不完整的话正显示出鲁四老爷的形象特点，是性格化的语言。

通过诱导，学生很快找到了问题的答案。

冰心的《小桔灯》中有一段话：

我赶紧从机旁的电话本子里找到医院的号码，就又问她："找到了大夫，我请他到谁家去呢？"她说："你只要说王春林家里病了，她就会来的。"

一位学生就人称代词的使用提出了疑问，下面是老师的释疑：

生：这段话中的"他"和"她"都指胡大夫，胡大夫是女的，为什么"我"的问话中写成"他"，是不是错了？

师：这个问题提得很好，说明这位同学读书很认真。是不是冰心写错了字？这得仔细分析一下。"我"在问话时是否知道胡大夫是女的？

生：不知道。上文没有交代过。

师：那如果写成"她"可以吗？

生：若写成"她"，读者会怀疑"我"是怎样知道胡大夫是女的。

生：写成"她"，前面就应该交代胡大夫是女的这一情况。

师：那前面为什么不交代呢？

生：胡大夫在课文中是次要人物，在她身上花许多笔墨，文章就不精练了。

师：答话中为什么又用了"她"呢？

137

生：因为小姑娘知道胡大夫是女的。

师：可见冰心并不是随意使用"他""她"二字的，是经过一番推敲才这样写的。

在教师的一步步诱导下，学生终于领会冰心用词的匠意。

释疑解惑的语言技巧还有很多，教师不妨在教学实践中大胆探索。总之，教师是否善于释疑，直接影响教学质量的好坏。探索释惑的语言规律对于提高教学质量具有重要意义，不可等闲视之。

分析综合法

分析综合既是一种思维方式，也是一种语言表达方式。分析就是把事物分成几个因素、部分或方面，分别加以研究，告诉人们它的形态、变化、特征是什么。综合是把事物的各个因素、部分或方面结合成一个整体加以研究，告诉人们如何从总体上把握事物的本质。在具体语言运用中，这两种方式有时各有侧重，有时各有先后；有的以分析为主，有的以综合为主；有的先分析后综合，有的先综合后分析；还有的先综合，后分析，然后再综合。不论怎样运用，都得讲究重点突出，条理清楚，表达流畅。

小学语文《太阳》一文是一篇文艺性说明文，一位老师紧扣文艺性的形象性的说明特征，首先问："太阳在我们的感觉中怎么样？"启发后学生回答：

非常遥远（离我们地球平均距离 14 960 万千米）；

非常大（130 万个地球那么大）；

非常热（表面温度约 6 000 摄氏度）。

通过对以上三个主要特征的分析，我们对太阳有了一个较为准确的认识。然后老师问："太阳虽然离我们这么远，但是它和我们究竟有什么关系呢？"启发后学生回答：

如果没有太阳，就不会有地球上的动物、植物，甚至包括地下的煤炭；

如果没有太阳，就没有云、雨、雪、风等自然现象；太阳还有杀菌的能力，可以预防和治疗疾病。

最后综合：没有太阳，就没有我们这个美丽可爱的世界。

从这个例子我们就可看出，所谓分析的方法就是化整为零拆开的方法。对所要讲解的问题，一种是从不同角度去分析。例如：教育学生做一个好学生，其标准是德、智、体、美、劳五育并举，全面发展；教育学生做一个学习成绩好的学生，就要求他对所开设的各门功课都努力认真学习。另一种是对一个问题从大到小，从小到大，从外到内，从远到近地分析，如对语法中的句法，先讲单句，然后讲复句，最后讲句群。又如小学语文一篇课文通常是按字、词、句、段、篇的顺序讲。还有一种就是按时间的发展或空间的变化讲。例如：讲语文叙事类课文的情节，通常是按事件的开端、发展、高潮、结局的过程讲；在地理课中介绍河流、山脉的流向、走向，又是按一定的空间位置变化讲。分析法是我们教学中运用得最为普遍的一种讲法，不论是讲字的结构，还是句子的结构，乃至段落、篇章的结构，都要有分析法；理科中的知识要点、原理构成和现象分布，都需教师逐一解决，各个击破。

所谓综合的方法，就是从个别到一般，从现象到本质，从局部到整体的总结概括的方法。这在思维、逻辑上表现为间接推理，即由两个或两个以上的已知判断推出一个新判断。"语言是思维的直接现实"，在教师的教育教学中就要把自然社会的未知知识通过教师的教学思维转换成语言，以之讲解给学生。因此，对教师而言，自己懂得了还不行，还得变换成语言让学生懂得，"茶壶煮汤圆"和"只可意会不可言传"都是不允许的。

例如，一位教师批评一位很少交作业的学生时，说："我督促你，你都很少交作业，其他科估计也如此了，真是个懒学生！"这位学生听了，当即从书包里拿出几本其他科老师改过的作业本来为自己申辩。这位教师批评之所以不恰当，就是以此类推的综合缺乏可靠的证据。想当然说话当然不会被学生接受。

又如，一位英语老师读课文时，明显读错了一个单词，引起班上学生哄笑，一个学生在下面嚷了一句对老师不太礼貌的话，本来这位老师就已经很难堪了，学生这一嚷更刺伤了他的自尊心，于是勃然大怒，指着那位学生说："上课随便说话的学生都不是好学生，你在这里乱嚷嚷，你一定是班上的差生！"话语一完，立即引来一阵更大的吵闹声，这堂

课几乎无法进行下去了。究其原因，且不论这说话的学生是否是差生，关键是老师在这个综合过程中，第一句话判断是不恰当的，由此导致了他这次批评教育的失败。

以上两个例子告诉我们，综合的过程实际上就是推理的过程，既然要推理，不论在思维，还是在语言上都要符合有关形式逻辑的推理规则，否则就达不到说话的目的。

暗示提醒法

暗示就是通过语言、态势语等不公开地、含蓄地给人启示，使人的心境、兴趣、爱好、心愿、能力等方面发生变化的教育方式。暗示语就是运用这一方式，以含蓄委婉的聊天、笑话、寓言、故事等来表达某种含义的语言表达形式。在日常生活中，暗示作为一种多功能的语言技巧，使用十分广泛，意义也是多方面的。教师恰当地借用这种语言表达技巧，或借故事暗示，揭示主旨；或借用赠言暗示，给予忠告；或借寓言暗示，分析事理；或侧击暗示，提出希望；等等，具有特殊的教育效果。

1. 故事暗示

故事暗示就是通过讲述一个真实的或虚拟的而具有感染力的故事，揭示事理的教育语言。这种暗示要寓理于情，要在晓之以理，以理服人的同时，重视动之以情，以情唤情，这样才能达到感人、育人的目的。一位政治教师在讲"培养爱国情操"时，给学生讲了关于著名音乐家肖邦的故事，以此进行爱国教育。

当年波兰被沙皇俄国占领的时候，侨居在巴黎的波兰著名音乐家肖邦怀着对自己祖国深深的爱，对敌人无比的恨，夜以继日地创作了大量的爱国歌曲。在生命的最后时刻，他更加怀念自己的祖国。但他知道自己死后，沙俄统治下的波兰当局坚决不会同意把他的尸体运回祖国。于是，他就向亲人请求："……至少把我的心脏带回祖国吧！"当肖邦将要离开人世的时候，他说的最后一句话是："祖国……妈妈……我可怜的妈妈……"讲到这里，学生的眼里噙满了泪水。教师择机施言："这个故事表现出的是一种强烈的爱国之情。这种爱国之情是最真挚、最深厚、最热烈、最动人心弦的，我们青少年应把这种强烈的爱国热情升华为爱

国情操。"

上例是寓理于情的故事暗示，是一种可以把握、操纵、驾驭个性思维、智慧、潜能的有效表达。运用时，要有针对性，以引起学生个体心理体验、展开联想为前提。

2. 幽默暗示

幽默暗示是一种运用笑话等方式达到育人目的的教育语言。"用幽默的方式说出严肃的真理，比直截了当提出更能为人接受。"教师找学生谈话，适当地采用幽默语言，较之直言率语地数落、斥责、说教、压服等教育方式，更能维护学生的尊严，消除谈话中的尴尬，使学生在愉悦的感觉中接受"严肃的真理"。例如，中学生抄袭作业的问题，很多老师感到头痛。有一位老师采用了"学生自己诊断毛病"的方法，进行指点。

天工造物真是无比奇妙，即使是同一种、同一类的物也会有千差万别。人们不是说，天底下绝对没有完全相同的两片叶子吗？可这一次我们班却出现了一个奇怪的现象，批改作业时我发现不少人的面孔一模一样，比如这个嘴角往下歪，那个嘴角也往下歪，孪生姐妹也没像到这个程度呀。请你们帮助我解答解答这个问题。学生先是表情有些惘然，接着笑着大声说："抄。"

上例中，教师将斥责的含义寓于幽默笑话之中，学生在笑声中悟出了老师幽默语的主旨——"抄袭作业"。既达到了批评教育目的，又维护了学生的自尊心。

3. 侧击暗示

侧击暗示就是不直接揭示问题的实质，而是通过设喻、类比、赞扬等方式侧面敲击，使人领悟谈话意旨的教育语言。这种暗示语言简意明，形象生动，较之直言说教更容易维护学生的自尊，消除教育过程中的尴尬，激发学生的内驱力，使他们在和谐、融洽、轻松的氛围中懂得怎么做。北京 119 中学任小艾老师的成功经验证明了这种暗示语的效力。初一新生刚刚入学，任老师在课堂上满面春风地说："我对大家不太熟悉，但是有一个同学给了我非常深的印象。为什么呢？她见到我之后，主动行了队礼，还说'老师好'，我觉得她特别有礼貌，特别有修养！所以这份奖品给这位最有礼貌的同学。"在热烈的掌声中，任老师把一只精美的转笔刀奖给了她。过了些时候，任老师当着全班同学的面又把一份奖品奖给了另一位同学，并说："我听外班一位老师说，咱们班有一位同学见到她行队礼来着，还说'老师好'。这位同学太好了，她不仅对教她的老师有礼貌，对不教她的老师也有礼貌。"

任老师通过赞扬的方式侧击暗示，使学生知道了见了老师要问好，不仅对本班老师要有礼貌，对其他班的老师也要有礼貌，文明礼貌的风气在全班悄然形成。

旁征博引法

口若悬河，滔滔不绝常被人视为教师思维敏捷、知识面广、语言流畅的表现。初上讲台的新教师总是担心一节课四十五分钟，哪有那么多内容讲，常常是讲过一道例题，论证一个定理，分析一篇课文、讲解一条原理，干巴巴的就是几句话，翻来覆去都是说这就是书告诉我们的……如遇到有学生不懂，他又不分对象地把刚才讲过的重放一遍"录音"。这样的教学，讲者尽管口干舌燥，但听者是索然无味，教学效果就可想而知了。

德国著名教育家第斯多惠说过："教学的艺术不在于传授的本领，而在于激励、唤醒、鼓舞。"最成功的教学是唤起学生兴趣的教学，而教师的旁征博引是唤起学生兴趣的最有效的方式之一。此时，教师古今中外，上下天地，优美、流畅的语言给学生打开了一扇又一扇眺望未知世界的窗口。若当年陈景润的中学数学老师没有给他讲"哥德巴赫猜想"，陈景润幼小的心灵能播下这颗摘取数学皇冠明珠的理想的种子吗？许多文学家回忆指引他们走上文学之路的正是老师随口说出的一大串如莎士比亚、塞万提斯、歌德、巴尔扎克、雨果等文学大师的作品和创作故事。一般来说，教师教育教学的旁征博引法有三种：本学科的纵向联系法、相关学科的横向联系法、结合学生自身实际的联系法。

在教学中为了使学生更好地掌握本堂课所讲的内容，不免要复习旧知识。一节数学课是讲圆柱的体积，教材已经明白地告诉了我们圆柱的体积公式是 $V=Sh$，其中 S 代表底面积，h 代表圆柱体的高，老师通常用最简单的办法就是先讲公式的含义，再讲例题，最后留作业。可是，有位教师充分运用了新旧知识的联系法，他是这样讲的：

老师问：同学们看见过哪些大小不等的圆柱体容器呢？

学生说：水桶、汽油桶、装咖啡的铁筒……

老师问：你们说一说哪些大些、哪些小些？为什么说它要大些，或者小些？学生都说一看，一比就知道。

老师摆出三个大小不等的圆筒量杯。问：它们大多少？或者小多少？在学生困惑时，趁势引入课题——圆柱体的体积。

接着先复习圆的面积计算知识，老师分别提出三个量杯的直径，同学们运用学过的圆面积的计算公式分别算出三个量杯的底面积。老师又分别量出三个量杯的高。分别代入圆柱体的体积公式，最后得出大小不同的三个答案。

为了巩固，老师又举例说某同学家有大小不一样的两对水桶，某工厂有大小不一样的汽油桶10个，商店里有大小不一样的咖啡筒各20个，给出相应的直径和高的数据后，请同学们计算以上圆柱体的体积（容积）。

相关学科的联系是指知识的横向沟通。这有助于激起学生的联想，扩展思路。以便更好地帮助学生理解和掌握所学的知识。例如：讲物理、化学，有时要联系数学知识；讲体育，有时要联系生理学、力学知识；教学生欣赏音乐、美术，有时要联系文学、历史知识。最典型的是语文、历史、政治，这三门学科密不可分，三门学科知识的交融表现得错综复杂，尤其是一个语文教师如果缺少了必要的历史、哲学、法律、经济学乃至艺术学知识，那么他的教学语言就只能局限在诸如语法、分段、中心等，从而使生机盎然、丰富生动的语文知识变成了干巴巴的主语、谓语、段落大意、中心思想一类。《在马克思墓前的讲话》是一篇经典课文，除了要讲清楚课文中用词的准确传神，句式的复杂多变和厘清作者的行文思路、悲痛情感和对马克思的无限敬仰，还涉及许多知识。例如，达尔文的进化论，代普烈的电力输送，历史唯物主义经济基础与上层建筑的关系，政治经济学的剩余价值学说，人类社会发展的历史规律和马克思一生的主要革命经历，等等，都是与课文直接相关的。如果教师在讲解这篇课文时充分利用了以上资料，那么他就能旁征博引，如鱼得水，左右逢源，满堂为之而生辉；相反，则举步维艰，只能照本宣科。例如，能再将视野放宽一点，在讲授时再涉及一下有关演讲学的知识，那学生将有可喜的意外收获。

联系学生自身的实际是教师教育教学中一项最基本的原则之一。在对学生进行爱国主义教育中，针对一部分学生崇洋媚外，认为什么都是外国的好的思想现状，有的老师就搜集了许多身在海外仍魂系故土的仁人志士的事迹来教育学生：钱学森冲破牢笼回故土，李四光毅然返归报效祖国，华侨领袖陈嘉庚一身民族正气，美术大师张大千老泪纵横恋故国，还有诺贝尔物理学奖的获得者李政道、杨振宁、丁肇中、吴健雄。在这一旁征博引的过程中，教师的语言一定要有气势，如数家珍，多用排比句以收到演讲的效果，切忌啰唆拖沓。

教师旁征博引时一定要注意语言的流畅性。

苏联教育家苏霍姆林斯基在巴甫雷什中学时，曾上过一堂"植物的光合作用"课，在介绍了"光合作用"的概念后，接着说这是一幅令人惊异的、神秘莫测的图画：植物从土壤和空气里吸取无机质，在自己的复杂的机体里把它们变成了有机质，那么，这个制成有机质的过程究竟是怎么一回事呢？在植物机体这个复杂得难以捉摸的"实验室"里，在阳光的照射下，把矿物肥料这种无生命的东西，变成了西红柿甘美的肉汁，变成了玫瑰的芬芳的花朵。教师形象、生动、流畅的语言点燃了学生的求知欲、好奇心和渴望知识的火药。经学生自学、讨论后，教师又努力从学生所掌握储备的知识中，把解决面临的疑问所需要的那些知识抽取出来，促使学生进行思考，使学生牢固地掌握教学内容。

我们不能把这堂课的全过程实录下来，但是可以想象一代教育家的苏霍姆林斯基是如何地神采飞扬，口若悬河，旁征博引。试想，如果教师运用旁征博引的表达方法时，一会又忘记了内容，一会又不知道怎样表达，要么颠三倒四，要么语句不完整，尽管他讲了许多，但肯定不能给学生留下深刻而完整的印象。

第九章

教师说课的技巧

让你的说课充满活力

"说课越活越好吗？"对于这个问题一直以来还是不能盖棺定论，有的老师认为：说课太活跃会影响说课氛围，保证不了说课效果；也有老师认为：说课气氛活跃一些能够调动听课者的兴趣，对说课起到促进的作用。笔者认为：这里所说的"活"是要有特殊含义的，它不是随便想说什么就说什么、想做什么就做什么，它的"活"是有限制的，是受教学内容牵制的，也就是说"线"在老师的手里，"风筝"放得再高再远最后也能被收回。这样的"活"是有益于说课、有益于听课者的，这样的"活"使说课活动充满活力，充满活力的说课课堂是具有无穷魅力的！

对人而言，充满活力才有无穷魅力，对说课来说又何尝不是这样呢？目前，在我们的现实说课教学中，许多说课者说课的气氛波澜不惊，了无生气，平静的像一潭死水，这样怎么能引起听课者的兴趣？活力虽不是兴趣的全部，但只有充满活力的说课氛围才有无穷的魅力，才能被听课者所喜爱。

我们听过很多课，其中不乏精品，为什么对有些老师的说课会"终身难忘"，这不仅和说课者的说课艺术有关，更主要的是说课者能够很深人、很经典地去说课，能够说到人的心里面，说动每一个听课者的思想，借此笔者进行了深入的反思：新课改中的说课很重要，但让你的说课充满生机与活力则是重中之重。

那么，如何使我们的说课充满活力呢？

一、调整说课的位置，由首位变中位

"说——授——评"是许多优质课、示范课、观摩课评选中常用的术语，说在首位。但在真正的动作中，大多数模式为"授——说——评"，说在中位。因为在没授课之前，没有鲜活的内容和过程就得不到情感和认识上的共鸣，"说过耳过不曾留过"，先说课的操作意义不大。说课就是要说自己的设计、思想、运作方法等，让自己明白，也让大家明白，在理论和操作上进行一番挖掘。如果在授课之后进行，各种材料更充分，让说者说得更具体生动，评者"依课而评"，针对性、侧重点、全局观

把握得更好，才能评得实、准、活、全，真正落实"三课活动"。既然在实践中得到证实，那么为什么不在名称上也改改，成为"授课——说课——评课"新三课活动模式，彻底跳出旧圈，让说课真正在讲者和评者之间建立良好的桥梁角色，变首为中？

二、调整说课内容，要说"小"说"实"

一节课体现所有的教育理念、观点、方法，解决所有问题，是绝对不可能的。说者往往用空话、套话去泛泛而谈，有时太大太虚，有点让人发晕的感觉，还不如小点实点让人踏实亲切。说课的一般步骤是说教材、说教法、说学法、说教学过程等，这里就依此分析探讨。说教材一般是说教学内容、地位、目标、重难点等，建议说明为什么这样设计会更好。说教法、学法，建议说新的方法、新思路。说教学过程，建议说重要的、精彩的、独到的教学过程，不要面面俱到，应有所取舍、详略得当。

苏联教育论专家斯卡特金指出："我们建立了很合理的、很有逻辑性的教学过程，但它给积极情感的食粮很少，因而引起很多学生的苦恼、恐惧和别的消极感受，阻止他们全力以赴地去学习。"教学的非情感化是教学的一大缺陷，全体的学科知识本位应向"以人为本"转变，"一切为了每一位学生的发展"，关注每一位学生，关注他们的知识、经验、情感、兴趣、爱好、习惯、动手操作能力、合作交流的过程等，以及在此表现的情感态度，做到知识与人性的和谐发展。开展自评和反思活动是新课改的理念之一，所以说课也要说自己，说说自己的学习设计过程，自身修养的提高过程，"要让学生会学习，自己首先要会学习"，互相交流学习方法，探讨教师的角色转变，在本课中的"教学一得"，等等。当然，说课内容的增与减以及详与略的变化不仅在于上述所说，说课的文字材料以及非文字材料的准备要有所区分，尽可能地让说课着眼"小"处，说到"实"处。

三、说课的语言要朴实，入情入理

说课中有说、聊的成分，既然"聊聊"，有必要那么古板么？新课改中强调培养学生的情感目标，老师的情感难道不需要考虑和照顾么？说出自己的心里话，多用点生活语言贴近大家的心，需平易近人，以理服人，以情感人。"教学即生活""数学即生活""作文即生活""活动即生活"，课改要求课例与生活密切联系，要有生活情趣。"授课"都放下架子，说课也不要包装得太高雅，"纯理论"离不开生活源泉，用生活中的语言，引用生活中的事例，玩点生活游戏、说点生活故事，朴实真挚，效果会更好。说者与听评者是平等的，不应该是做报告、搞演讲，也不是被审问的角色，用情去说，说说真话，出现"零距离"是大家所盼望的。

让幽默成为你说课的助手

幽默，是人类的一种行为特性。它以一种愉悦的方式让别人获得精神上的快感。它在给人愉悦的同时，给人思索，给人启迪。幽默能使人产生兴奋，富于幽默感的语言，生动形象，既令人发笑，又促人深思，从而能保持人的大脑兴奋性，减少疲劳。

因此，教师把幽默的语言运用到说课上，能够保持听课者大脑的兴奋性，活跃说课教学气氛，消除紧张和疲劳的现象，提高听课者的听课兴趣。

说课语言的幽默体现了说课者驾驭语言的能力。说课是恰当地运用幽默，能使听课者在轻松的气氛中领会说课的内容，获得鲜明的印象，从而优化说课的效果，幽默是说课者人格魅力的展示。我国一所著名大学外语系王教授提出，上一堂课至少要让学生大笑三次。他讲课妙语连珠，别具情趣，具有独特的个性魅力，在丰富的知识教学中，不失时机地"幽"他一"默"，显示出一种大师的气度和智慧。

幽默是说课者教育机智与创新能力的展示。风趣幽默的说课教学语言充满了"磁性"和魅力，能够使听课者在开怀大笑中加深对说课过程的记忆。

苏联著名教育家斯维特洛夫认为："教育家最主要的、也是第一位的助手是幽默。"

为此，说课者为提高说课效果，就需把幽默有机地渗透于说课教学中。

那么教师该如何培养自身的幽默感呢？

一、知识的积累是前提

幽默是从丰富知识中汲取的精髓，是语言和知识交织的产物。一般而言，高超、恰当的幽默离不开广博而深厚的知识积累。在平时的学习中，教师就应该广泛地涉猎不同领域、不同学科的知识，特别是实践性、前瞻性和交叉性学科的知识，建立起宽广、坚实、系统、科学的知识库。尤其要广泛阅读文学名著，充分挖掘其中的幽默素材，运用文学名著中幽默的人物角色来唤起高尚幽默的情感体验，理解和领悟幽默的真谛，积累和掌握鲜活典型的幽默资料，对文学名著中已有的幽默，教师只需吃透内容，稍加点染，就可以在说课活动中自由、灵活地应用。

二、方法技巧的掌握是关键

幽默是人类智慧、学识、经验和能力的综合性应用与创造性发挥，只有掌握了正确的方法，教师才能从容应对困境、成功化解矛盾、营造和谐气氛、树立自我形象，从而彰显幽默的价值和意义。通常，移时错位、褒贬换用、情景导入等都不失为是良好的幽默技巧和方法。教师应经常性地对所掌握的技巧进行综合研究和实践应用，注重各种方法的嫁接和转换，从中找出适合某一特定情境的技巧，并以此为基础来组织自己的幽默语言。

三、观察力和想象力的提高是重点

作为一种高级思维形态的幽默，它既指一种能动的思维发展过程，又指一种积极自我感知与重新组织概念的过程，需要敏锐的观察力和丰富的想象力。从心理学的角度来看，观察力是指觉察事物细微而重要特征的能力，想象力是指对各种形象进行加工、改造和重新组合的能力。教师只有具备敏锐的观察力和丰富的想象力，才能从平常的现象中发现不平常的东西，从相似的事物中找出差异，从差异中指出共同点和因果关系，不断在生活和教学中创设幽默情景，提高自身的语言艺术水平。

四、社会交往的扩大是保障

成功的幽默语言艺术，不仅需要哲学、心理学、社会学、文学、教育学等多方面知识和技能的综合运用，而且还要求教师必须密切关注社会，细心体验生活。随着社会的发展，教师交往的范围越来越广，职业的特殊性使教师比常人有更多开阔视野的机会，他们可以通过参观学习、外出考察、参加会议等多种途径，扩大社会交往范围，这是教师汲取优秀幽默素材的资源宝库和提高幽默语言艺术的重要保障。

此外，教师运用幽默语言艺术时，还需做到适时、适地、适人和适度，准确把握幽默的分寸。否则，非但不能发挥幽默的艺术魅力，反而会损害教师形象，不利于教师树立威信，甚至影响说课活动的顺利开展。

了解学生，巧设问题

教师提问的内容和形式决定着学生的思维方向，教师如何提问才能更好地促进学生的学习是值得关注的问题。一个善于提问的教师并不一定就是启发的教师，也不一定是民主的教师。教师应该很少提那些答案是显而易见的问题，而应该更注重听取学生看法、提出具有批判性思考的问题。真正有价值的问题是教师和学生都想探讨的问题。用真实的问题来建构知识的质量，还要善于运用问题来沟通不同主体之间的知识建构。笔者认为，在说课时好的课堂提问应该具有以下几个特征。

1. 现实性

教师的问题不仅是对所学内容的回忆、再现，也不局限于对教材的分析，而是要求学生围绕现实生活展开分析或批判性思考。问题的设置应以知识的建构与应用为出发点，立足于更为广阔的思维领域，如对于社会问题的思考，对于人生的思考。因此，教师要注意问题的相关情境的设置，要求学生通过批判性或创造性思维解决问题，把学生的学习与学生的课外生活联系起来，而不是仅仅局限于教材。局限于教材的问题会限制学生的思维，也不利于对问题的迁移。

2. 逻辑性

提问应该有连贯性，问题与问题之间能够相互转换或具有逻辑性，而不是分散、孤立的知识识别与再现。富有逻辑性的提问，会使学生的学习建构形成一个网状的知识系统。有逻辑性的提问，要求教师考虑如何以有效知识为核心组织学习内容，从深度上探讨、发展这些理论。

3. 双主体性

犹太民族是世界上极富智慧的民族，他们的教育观念成就了民族的

智慧与精神。孩子放学回家后,父母问孩子的第一个问题是"你今天向老师提问题了么"。学生自己的问题最能反映他们所关注的事情,教师可以通过尊重学生的兴趣来达成目标,激发学生学习动机的钥匙正是他们自己提出问题。学生在自己提问的过程中逐步意识到并不是"成人"提出的问题才有价值,他们自己也可以控制学习的进程,而且在提问的过程中让学生学会学习。教师还应该启发学生思考他人提出的问题,使他们学会认真倾听同学之间提出的问题及教师的问题,并积极地进行思考。

那么,教师在说课课堂上应该怎样进行有效提问呢?

1. 建构弱权势的课堂文化

弱权势课堂文化,即师生相互平等尊重的课堂文化。很多学生害怕老师提问,不管是容易的还是复杂的题目都不敢回答,主要原因在于教师没有建立一个开放、平等的课堂环境。教师需要以平等、开放、诚实的态度向学生提问,注意自己的语气和用语,避免消极的提问,因为消极的提问会降低学生回答的渴望。教师还要尊重并认真思考学生的提问,肯定问题的重要性,即赋予儿童"权威",相信他们自己有能力去探索知识。通过培养学生的提问能力,使他们真正了解学习的真谛:不在于获得已有的知识,而在于学会发现新的问题。

2. 以主题和情境贯穿教学

思维从问题开始,问题的起点是"疑"。所以教学过程中创设问题情境,是唤起学生自觉的学习活动,并给这种活动定向的手段;是激发思维、开发智力和培养问题意识与创新精神的重要方式。教师应该根据知识的内部联系和学生认知发展的规律,把设疑作为教学的关键环节,精心设计课堂教学的进程,把课堂教学组织成:设疑——质疑——释疑的过程,最终培养学生的问题意识,使学生成为提出问题的主体。

3. 尽量让学生证明自己的回答

提问的过程不仅仅要诱导学生参与,还要尽量使学生给出他回答的理由。也就是在学生给出回答后,教师要继续追问他们以什么证据、理由或推论支持自己的答案。教师的深度追问能够帮助减少学生盲目、简单回答问题的消极心态,也可以激发学生进行深入思考。

4. 关注不确定性的回答

在回答老师的问题时,有的学生会表现出模糊、冲突、迟缓的想法,或者陷入等待的时刻。此时，老师不能简单地判断学生发言不积极，而要意识到这种不确定性思考的价值。明晰的思考或表现容易变成一种把思想和情感定型化的行为，而不确定的思考和表现往往在创造性的思考和表现中更能发挥威力。尊重这种多义的意见，能建立多样性的意识，从而在相互的交流中，能使每个人的认识更加丰富。

鼓励回答，而不单单关注答案

正确回答问题向来都是一种会得到高度评价的教学结果。通过它，我们可以判断教学是否已经成功地向学生传授了内容知识。历史上，美国的课程与课堂教学都是以内容学习为中心的，同时一直有声音在强调教导学生学会思考的重要性。可是，针对内容的教学与针对思考的教学，有时似乎是站在教学统一体的对立面。如果我们选择了为思考而教学——这种耗费时间的方法，我们总会感觉自己浪费了讲授内容的宝贵时间。毕竟，内容对通过标准化测验是相当重要的。相反，如果我们有意识地不为思考而教学，而把时间用在内容目标上，那么，我们就是在损害培养公民的基本民主价值标准——使公民成长为能做出有见地的决议，能解决我们国家和世界面临的问题的人。

实际上，我们都醉心于让学生掌握"正确的"事实。在教师刚开始运用有效提问时，内容讲授与为思考而教学之间的分裂就会爆发。一直以来，教师都面临着进退两难的困境，不知该采取什么措施处理学生给出的明显"错误"的回答。作为教育工作者，我们很重视正确性。如果学生错误地回答问题，我们就感觉有必要弄清楚，他们在课后会借助什么方法了解正确答案。

不过，教师针对学生的回答所采取的行动已经告诉他们教师重视什么。通过提问，学生都知道正确答案是被期待的，错误答案是会被怀疑或被批评的。这也是在对学生说，如果你不知道"正确"答案，最好保持安静。这往往限制了学生互动的次数，也降低了学生将来回答问题的积极性。

在这里，任务的时间也包括在内。花在学生回答上的时间就是学生学习的时间。如果我们把时间都花在纠正"错误"的答案上，很少详细

说明"正确"的答案，那么，我们就是在伤害学生。具体来说，我们的这种行为就是在限制内容材料的概念化，甚至可能是在强化错误信息，特别是当我们的学生已经陷入困境或者不能辨别重要信息的时候。在我们全神贯注地纠正错误的同时，失去的就是促进学生了解他们的回答为什么不正确的机会。

同样，花在纠正错误答案上的时间会阻碍学生加工正确回答，使他们失去发展有意义的知识、理性建构内容及理解自己生成答案的过程的机会。学生会迅速了解到教学的目标不是思考概念得出结论，而是提供他们认为老师想听的答案。当我们把教学的焦点放在确保学生获得"正确"答案上，而不是关注他们是如何生成合乎逻辑的答案时，我们就是在强化一种错误的见解，误以为学习就意味着保证答案正确，而不是帮助学生把学习理解为一个过程。

学生眼神表情语言解读

眼睛是心灵的窗户，课堂上学生的眼神无时无刻不在传递着各种微妙的信息。学生眼睛瞳孔的大小、亮度、视角的俯仰、注视的时间、变化的快慢都映照出内心的疑惑、赞否、好恶、欢乐、惊奇、恐惧、懒散。因此，教师善于解读学生眼神表情语言，掌握其变化规律，对于及时调节课堂教学，力求得到最佳教学效果有着十分重要的作用。

瞳孔的变化。人的瞳孔变化是中枢神经系统活动的标志，课堂上学生瞳孔雪亮、脸有喜色，则表明兴趣盎然；瞳孔深浊黯淡，多半表明疲倦或心绪不佳。听课时学生瞳孔突然异常增大，则表明大有收获，或产生惊讶；瞳孔慢慢变细缩小，多半表明听课索然无味，或产生疑惑。

注视行为。课堂上学生目光凝聚往往是思想深邃的特征，左顾右盼是心猿意马、学习态度不端正之表现，听课时学生目光闪烁传达两种不同的信息，在一秒内连续眨几次眼，是神情活跃对教学内容感兴趣的表示；时间超过一秒钟的闭眼则表明对教学内容厌烦。学生举头仰视，表明对教师讲课非常满意，眼睛平视或视角向下，则表明冷静思索或略带不满情绪。

目光接触。教师讲课时，学生不断接触教师的目光表明十分尊敬老师，喜欢这个课程，师生之间相互信赖。学生与教师目光接触若即若离，则表明师生心理有一定的距离，学生对教师有一定的抵触情绪。课堂提问时，学生敢于和教师进行目光接触，则表明学生对问题有自己的看法并想起来回答；学生避免或不敢和教师进行目光接触，则表明学生对问题不能正确回答或把握不大。在说课过程中能够捕捉、解读听课者的眼神，会对教师下一步的教学有很大的帮助。

老师读懂学生的眼神，即从学生的眼神变化中（这实际上是一种信息反馈），看出自己的教学效果，辨析学生听讲状况，然后对症下药，或调节教学的进度，或吸引学生的注意。因此，不少教育专家如是说：

——学生一张脸，是一本无字的书，它好比一面心灵的镜子。

——读学生这本书，因各具的特色互不雷同，因此记载和映照着千差万别的思维文字和心灵投影。

——读学生的眼神，要做到真读而不是假读，细读而不粗读，全读而不是选读。

这里，我们不妨把课堂上读到的无字书种种及破译的心灵语言用一条线连起来：

眼里迸发欢乐的闪光——"答案就在这里，真理找到了！"（茅塞顿开）；

眼望老师，手指课本，连连点头——"讲得真好，真高！"（领悟其妙）；

左手托腮，像一幅剪影——"解这道题究竟从哪儿入手呢？"（迷云密布）；

听他人对答，自己下意识地吐舌搔首——"哎，我咋就没想到呢？叫我答准砸了！"（相形见绌）；

望师焦灼，几次晃动身子——"老师，我有个疑问！"或"老师，我有个新证法！"（心波忽起）；

飞眼左右，地语暗议——"都是这样读（讲），错了！"（发现破绽）；

哗哗翻书查字典，眼光急急扫描——"这样讲（"读"），这样答，对吗？"（急等证据）；

无目的地面向室顶或室之一隅，目光呆滞——（心猿意马）；

默默地向前翻读，时而望一望老师——"请原谅，您讲的我都预习

会了！"（快鸟先飞）；

打开书戳起遮脸，头东歪歪西歪歪——"老师，我们聊得有趣极了！"（暗渡陈仓）；

凡此种种，不一而足。

可见，在学生眼神和表情里确实大有文章。因此，老师要善于"看眼色行事"，要运用好自己的眼神。换句话说，要根据学生的眼神反馈出来的信息，报之以相应的眼神，做到有的放矢，对症下药。具体说要运用好以下三种方法。

一、环视法

环视法是针对全体同学运用眼神的一种方法。它既是维持课堂秩序、督促学生听课的一种艺术，也是尊重学生的一种表示。讲课时，教师不时地用眼睛环视整个课堂，可使全体学生感到你在对他讲课，调动他们的参与感；个别的学生听讲不认真，通过环视法提醒他们注意力集中，督促他们认真听讲和学习。

二、注视法

注视法，又名专注法，是指教师在课堂上出于教学的某种需要，把视线短暂地停留在教室的某一处，或个别学生身上的方法。局部专注，这是眼神运用中最富有实效、最富有内涵的一种方法。它能够对学生进行仔细的心理调查，发现自己讲授的结果如何；可以制止部分或个别学生的走神和骚动，提醒学生注意听讲；也可以启发、鼓励学生大胆发言，打破课堂提问的冷场现象。在进行因材施教、个别教学时，尤应注意运用好这种方法。

三、虚视法

虚视法是一种似看非看的方法。教师不时把"焦点"对准某一个学生，或者出于教学的需要对某些学生仅仅一瞥。这主要是针对不认真听讲程度较轻，或平时偶尔有些开"小差"现象的学生。因为这部分学生一般来说自尊心较强，自觉性也较强，教师的一瞥，就能唤起他的注意。

如果注视时间较长，反而会伤害他的自尊心，不利于调动其积极性。

教师的观察能力，应具备如下三个方面：迅速而准确、细致而深入、全面而客观。

1. 迅速而准确

少年儿童正处于生长发育阶段，其兴趣、情绪、心理常处于波动状态中。特别是在课堂上，他们的情绪、表情常常呈多变状态。如果他们对老师所讲的内容能够心领神会，眼睛里就会充满智慧的光芒，流露出兴奋、喜悦的表情。如果他们对老师所讲的内容不明白、不理解，就会皱眉蹙额，表现出压抑、疑惑的情绪，有的还会开小差，做小动作，甚至说话打闹。如果老师在课堂上能够迅速及时地采取应对措施，或适当调整教学内容，或稍作教学停顿，就能够改变课堂气氛，及时把学生的注意力、思维引向教学的中心。如果对来自学生方面的反馈信息迟迟不能觉察，做出反应，那么课堂教学就不能很好地得到控制，教师也难以完成教学任务。

2. 细致而深入

细致观察就是要能观察到学生语言、行为、服饰、态度等细微变化。比如说有的女学生，本来学习勤奋，衣着朴素，但一段时间内逐渐变得非常注意自己的发型、衣着，上课有"走神"现象，喜欢交外班及外校的朋友，这往往不是好兆头。如果教师尤其是班主任及时注意到这些细微的变化，及早做工作，防患于未然，就会避免学生走弯路。反之，对学生的变化视而不见，任其发展，等问题大了，再去扭转，恐怕已是无力回车。所以教师观察问题，一定要细致而不粗疏。

3. 全面而客观

教师对学生的观察应力求全面。全面观察要求教师在观察学生时注意多角度、多方面、多途径，了解学生的全貌。教师对学生的观察可以从不同的角度进行，如智力程度、自身素质、性格气质、家庭教养或环境影响等。只有从多角度去观察，才能对学生有较为客观的完整的印象，而不会犯"盲人摸象"的错误。教师对学生的观察，还应注意把学生的校内表现和校外表现结合起来，把观察和调查结合起来，做到多方面观察、多途径观察。比如有的学生因为迷恋电子游戏，影响了完成作业和学习成绩。这些情况，教师仅靠学校和课堂上的观察往往难以找到病根。

这便需要调查了解，了解他的同学，调查他的家长，掌握他在校外的表现。通过多方调查，结合平日观察，对症下药，才会药到病除。

说课要说"深"课程标准

课程标准是说课的重要内容。说课是说课教师面对其他教师或其他听众，多角度、多层次、多系统、有条理地分析、讲述所教内容的教学设计及其依据的过程。说课不仅是说做什么、怎么做，还要说明做的依据是什么，而课程标准就是依据。准备说课的过程，就是说课教师钻研课程标准、了解学生、研究教材、研究教法、研究学法，并以此为基础设计教学程序、安排习题、构思板书的过程。因此，说课程标准应该跟说教材、教法、学法一样，成为说课的重要内容。

各门学科的课程标准是说好课的依据，是说好课的前提条件，是说好课的基础。任何一门学科，都构成了一个相对完整的学科知识体系。每节课的内容都是这个体系中的一个"十分支"。就语文学科而言，它要求教师在说课前从一节课内容出发追本溯源，找到它在课程标准中的位置，看看课程标准对这节课所在单元及所在课文的要求，然后顺藤摸瓜，准确把握课程标准对这节课的要求。至此，这节课的教学目的、重难点就可随之确定了。

课程标准是说课的主要依据。为此，我们在说课时不仅要重视说课程标准，还要说深课程标准。说课的主要目的就是要使授课者在授课前对教学内容做到心中有数，如果没有课程标准的指导，整个说课活动就会比较盲目，说课效果也肯定提高不了。因为，无论你是选用哪一类教材，只不过是体现课程标准精神的"例子"而已。说课时若缺乏课程标准意识，对新的课程标准所规定的各项知识与能力目标一无所知，说课时往往跳不出课本中的内容，习惯于对一些枝枝节节的问题进行条分缕析，这样的说课，看似头头是道，实则零散无用。

在说课的过程中说深课程标准要从以下四个方面打好基础。

一、确立现代教育教学理念，为"说好课"奠定雄厚的基础

参与"说课"的教师要达到说课程标准要深的境界，首先是要具备

最新的教育教学理念，其次是要有在继承的基础上突出创新发展的教育教学思想，要与时俱进地跟上课程改革与教学改革的步伐。教师在说课前一定要了解并掌握以下知识点，为说好课奠定基础：在一切为了学生的发展、一切为了促进学生的发展、一切为了学生的终身发展、一切为了学生的可持续性发展的思想理念指导下，各门学科的教学都在以下六个方面进行了重新的整合与改革。这就是：①理念的更新；②学科的构建；③目标的整合；④单元构建进行教学；⑤教学的组织与实施；⑥教学评价。

二、六个方面的突出的变化，充分体现了当今课程改革、教学改革的十个发展趋势

①从整齐划一到注重学生个性发展与创新；

②从知识本位的灌输到学生自主学习、全面发展；

③从单一机械的课堂到让学生回归自然、社会实际；

④从强调独立分科到重视全面综合；

⑤从评价重视选拔到评价促进学生发展，从以考试分数为唯一标准的事实评估，向以学生全面发展为标准的绩效评估转变；⑥从封闭保守的教学到开发交往的教学；

⑦从强调教师、教材，到强调教师、学生、教学内容、教学环境四个要素的整合；

⑧强调在教学中达到知识与技能，过程与方法，情感、态度与价值观三维目标的和谐发展；

⑨要以学生发展为本，注重学生个性的养成、潜能的开发、能力的培养和智力的发展；

⑩要从单纯为升入高一级学校做准备向促进学生学会做人、学会生活、学会学习、学会劳动的方向转变。

三、深入钻研各学科课程标准是说好课的依据

说课教师必须要认真学习、全面理解、熟悉掌握课程标准中各阶段、各方面、各层次的要求，对于各学科课程标准中提出的：①前言部分（课程性质、课程的基本理念、课程设计思路）；②课程目标部分（课程总目标、具体目标、阶段目标、分目标、知识与能力、过程与方法、情感态度

与价值观）；③内容标准部分；④实施建议部分（教学建议、教学评价建议、教材编写建议、课程资源的利用与开发建议）；⑤附录部分（如学习目标的说明、名词解释、案例、有关知识技能的目标动词、学生能力发展水平参照表等），上述方面都要达到娴熟的程度。只有对课程标准钻研得深、理解得透，教师才能具有科学地把握和驾驭各项说课教材的水平与能力，才能根据说课的课题，紧密结合课程标准说出此项课题怎样教和为什么这样教；只有在科学理论的支撑下，教师对此项课题的说课才能产生巨大的示范作用，从而达到实效性、有效性的说课目标。

四、穿插理论知识适时说课

根据说课课题运用课程标准中的理论知识，不断穿插到说课中去，是说好课最重要的环节。在说课程标准的过程中一定要防止空谈课程标准理论，脱离说课主题，忽视教学实践的现象；还要注意在说课程标准的过程中，一切照搬硬套课程标准，说理不到位的问题。说课程标准时既要显示其理论的高度与深度，也要强化理论与实践的结合，更要体现操作层面的科学性、针对性、实效性。

说课说"实"教学方法

教学方法是为了完成一个单元或一个课时的教学任务与教学目标，教师与学生在教与学的过程中所采用的手段。它既包括教师教的方法，也包含在教师指导下学生学的方法，是教的方法和学的方法的整合与统一。

教师在说教学方法的过程中要确立一个不变的原则，这就是在说教法的过程中无论说课的课题（教材）怎么变、学生的学情怎么变、学校的教学条件怎么变、本单元或本课时的教学目标怎么变，说教学方法都要保持"实"。

这个"实"主要体现在以下四个方面：第一，说教学方法要理论联系实际；第二，说教学方法要实事求是；第三，说教学方法要一切从实际出发；第四，说教学方法要落到教学的实处。

说教学方法要"实"。从教法方面来说，应点明教师是学生学习的合作者、引导者、参与者和促进者，然后主要说明如何按照学习内容的类型、学习者分析及现有的教学资源条件选择最优化的教法；如何贯彻启发式教学思想（与其说启发式是一种教学方法，不如说启发式是一种教学思想，因为在任何一种教学方法中，都会用到启发式教学思想）；如何重视教学目标的全面发展；如何重视个别差异；如何重视先进技术和现代化教学手段的有效运用（应说清手段的辅助地位）。

从学法方面来说，应点明学生的主体角色定位，然后主要说明：学生心理调节方面的指导，兴趣、态度、习惯等如何培养；掌握知识、技能等的方法指导；学习过程的方法指导；学科自身的学法指导；等等。

这个方法既包括教师实施教学目标的教法，又包括学生在这节课要掌握的学法。只有教法得当，教师才能有条不紊地施教；只有学法合理，学生才会兴趣盎然地受教。而要做到教法得当、学法合理，教师在说课时必须要"实"。

总之，"教学有法而无定法，贵在得法"，教师必须找准出发点，采取切实可行的教学方法，从而实现教学所要达到的目标。

一、说清楚某一个单元或某一个课时的教学运用的教学方法

总体上将采用的是哪几种课堂教学的方法，以哪种教学方法为主，采用何种教学手段，以及采用这些教学方法和教学手段的理论依据又是什么。说学法要说明在某一单元或某一课时的教学中，指导学生学习使用什么样的学习方法，培养学生哪种能力。当然，教法的选择、学法的指导，包括知识、技术、技能的学练和习惯的培养，是以培养能力、发展智力为标志的现代教学活动的重要内容之一，是提高课堂教学质量的重要保证。教学方法、教学手段的运用重在说明目的和作用。

二、说清楚在某些特殊性的教学内容或教学环节中准备采用何种特殊性的教法

在一个新内容的教学中，为了充分调动全体学生的学习情感，我们时常将游戏教学法与竞赛教学法引入课堂教学之中。精心设计课堂提问，全体学生分成若干小组，用游戏与竞赛的方法参与提问和答题，激发学生学习的兴趣，从而培养教师与学生、学生与学生之间的情感交流，引导和控制学生的心理意向。在设计课堂提问时要指导学生注意：第一，

科学性；第二，系统性；第三，启发性；第四，针对性；第五，确切性；第六，层次性。在教学内容的疑难处、关键处、隐蔽处与精妙处都应设计提问。

三、说清楚如何面向不同层次的学生采用不同的教学方法

在当今开展的教育教学改革中，教师不能用一种教学方法，来应对千变万化的、具有各种个性特长的学生。而是应在教育教学中，去寻找更多更好的教学方法，以满足全体学生不同的需求。

"教"是为了"学"，学生怎么学，教师就应怎么教；教师怎么教，就引导学生怎么学。因此，教师必须从过去的惯性思维中跳出米，把指导不同层次的学生、采用不同教学方法的研究，摆在重要的位置上来加以考虑。从以下几个方面去做：①分析不同学生在学习某一单元或某一课内容时可能出现的困惑与障碍；②有针对性地说清楚，在教学过程中侧重指导学生掌握何种学习方法；③要根据学生的年龄特点和认知规律，说清准备创设何种教学环境和条件，保证学生在 45 分钟内有效地进行学习。

四、说清楚准备使用哪些教学辅助手段及其使用目的

随着现代教育技术的迅速发展，我们在教学中应积极地将这一技术引入课堂教学之中，同时应与其他教学辅助手段配套使用，从而达到实效性、有效性的目的。

五、说教学方法要突出"四个特点"，"处理好四个关系"

四个特点：①掌握课程的性质和教材内容的特点，根据不同的内容选择不同的方法；②掌握不同学习的特点，采用不同的教法；③掌握不同的教学环境、教学条件这些特点，采用相应的教学方法；④掌握学生年龄特征和个性特点，选择教学方法。

处理好四个关系：①处理好教法、学法、练法、评法的关系，使学生由学会、学好、学精向会学、会练、会评、会教转变；②处理好教学方法与教学内容的关系，使教学方法更好地为教学内容服务；⑧处理好教学方法和教学效果的关系，使教学方法与教学效果统一，讲究实效，

不图表面的形式；④处理好教师的主导与学生主体的关系，突出教师在教学中的主导作用，高度重视学生在学习中的主体地位。

总之，我们将说教学方法归纳为：①教法的选择，讲明为什么选择这种教法；②为什么要运用这种教法，从理论和实践上讲明依据；③具体的教学程序。

紧扣教学目标科学说课

所谓教学程序，是指某一个单元或某一节课的教学内容，在一个相对固定的时间内，展开一个完整的教学过程的系统。它表现为教学活动推移的时间序列，通俗地说，就是教学活动是如何开始，又是怎样展开，如何结束的全过程。

说教学程序是教师说好课的重点部分，因为只有通过这一过程的分析才能看到说课教师独具匠心的教学安排，它能全面反映教师的教学思想、教学风格、教学个性。也只有通过对教学程序的阐述，才能看到其教学安排是否科学、合理和艺术。

说课教师如何将科学的教学程序设计通过有条理与精练的语言说出来呢？通过说课的实践，笔者认为说教学程序一定要"精"。

相信大多数老师会认为说教学程序应说得详细些，因为教学程序的设计和安排既是说课的出发点，又是落脚点，是贯穿整个说课过程的一条主线。但说课毕竟不同于授课，因为它面对的是与说课者水平相当的教师，要用最少的时间、最精练的语言给听者留下一个完整的印象。因此进行说课堂教学程序时无须将教案全搬出来，而要做到一个"精"字。具体地讲：一要说出课堂教学的整体思路和环节；二要说出处理教材、教法和学生实际之间联系的方法；三要说出对每个环节、每个层次、每个步骤的设想和安排，以及这样设想和安排的依据；四要说出教学中突出重点、突破难点、抓好关键点的理由和方法；五要说出习题设计和板书，以及设计的意图、目的和理论依据。

只要将以上五方面用最精练的语言说出，使人听明白，即可达到教研交流的目的。

在说课中，我们如何把教学程序说"精"呢？

一、说教学思路

教师在说课时，要非常简练地把自己对教材的分析、理解和处理，针对学生实际，借助哪些教学手段来组织教学的基本教学思想说清楚。

二、说教学结构、层次

教师在说课时，要精练地说出教学过程，说清楚所设计的基本结构与主要的层次。具体的内容只须概括介绍，只要听课者能听清"教的是什么""怎样教的"就行了。绝不能按照教案，像给学生上课那样一步一步讲解。

三、说教学内容与教学过程总体框架以及各板块的时间安排

教师在说教学内容与介绍教学过程时，不仅要讲教学内容的安排依据，还要强调并说清楚"为什么要这样教"的理论依据（包括课程标准的依据、教学方法的依据、教育学和心理学的依据等），同时要将教学内容中各板块的教学时间向听课教师交代清楚。

四、说在某一个教材单元或某一个教学内容中突破重点的主要环节设计，化解教学难点的具体步骤

要完成一个课题的说课，必须要说清楚突破教学重点、化解教学难点运用什么方法，并要有相应的教学理论阐述。

五、说明教与学的双边活动的安排

这里说的"精"是说明怎样运用现代教学思想指导本课题教学，具体反映以下四个统一：①教师的主导作用和学生主体活动的和谐统一；②教法、学法与练法的和谐统一；③知识传授与智能开发的和谐统一；④德育、智育、体育、美育、劳动技术教育的和谐统一。

六、说明采用哪些教学手段辅助教学

这里说的"精"是教师在说教学手段辅助教学的过程中，要说明什么时候、什么地方用，这样做的道理是什么。

七、说板书设计

教师在说板书设计时，要说出板书设计的主体内容、整体布局，并要说明其与教学内容的内在关系。说板书设计要根据学校的教学条件，可以与多媒体课件结合，说课语言要"精"练。

综上所述，说课是一种特殊的教学研究形式，对教师的课堂教学意义重大。教师必须在说课前充分准备并运用科学有效的方法，这样不仅能精彩地说好课，而且能在说课中不断提高自身教学水平，从而有利于创设精彩的课堂教学。

让你的说课语言拥有亲和力

有这么一则轶闻，说的是英国女王维多利亚有一次和丈夫阿尔伯特发生了激烈的口角，阿尔伯特一气之下跑进了卧室，把房门紧紧地关了起来。女王很懊悔，有心和丈夫重归于好，可是敲了几次门，丈夫都不肯开门。原来每当阿尔伯特问是谁敲门时，维多利亚的回答都是"英国女王"，阿尔伯特一听，心里就大不受用：这不是说你的地位要比我高得多吗？好在女王是个聪明人，她想了一会儿，明白了丈夫的心思。这一回，当她再去敲丈夫的房门，丈夫又冷冷地问是"谁"时，女王深情回答："是你的维多利亚！"——果然，门开了，阿尔伯特满脸温和地笑着，伸出双手，出现在女王面前……

两种不同的回答，其结果竟然如此不同。对丈夫自称"英国女王"，这完全是一副公事公办的口吻，并且包含着"我的地位要比你高得多"的意思，必然拉大夫妻之间的心理距离，伤害了丈夫的自尊心，维多利亚又怎么能不吃"闭门羹"呢！与此相反，对丈夫自称"你的维多利亚"，那是多么深厚的一种夫妻依恋之情！正是这样一种深厚的夫妻依恋之情，使得两颗远离的心又紧紧地靠在了一起。听到这种亲切的回答，丈夫的自尊心自然得到满足，怎么还忍心将妻子拒之门外呢！

心理学家的研究发现，在人们日常的语言交际中，如果一个人缺乏亲和力，往往就会和他人缺乏共同语言，难以和他人亲近。而对于说课而言，同样如此。

在说课过程中，要想有效地缩短你与听课者之间的心理距离，就必须十分注意你的"亲和力"。而说课是否具有"亲和力",则又体现为它能否在感情上引起听课者的共鸣,使人乐意听你说课。所以,要想使你的说课富有"亲和力",说课的时候,就必须注意尊重他人,不要显得高人一等,与众不同,要表现出你和听课者有着许多共同点或相似点,使听课者觉得你也是他们中的一员,是容易接近的人。这样,你的说课才能像磁石一样,紧紧地吸引着听课者。

说课的"亲和力"并不仅仅靠华丽动听的语言取得,而是从人们的相互理解、相互尊重以及强烈的感情共鸣中产生的。在说课中,你的亲和力可以让听课者从你的话里听出你对他的理解和尊重,就会感到如沐春风;从你的说课中发现许多共同的语言,就会感到彼此之间没有距离感。有了这两点,你的说课效果就会大为改善。这就是语言"亲和力"的神奇所在。

一、加强人际交流实践,深化自我体验和感受

在深入了解自己的基础上,进行人际交流的实践是加强人际亲和力的重要过程,也只有在交往活动和交往实践中才能表现出来并受到检验。在不断的人际交流实践中,别人作为一面镜子,可以折射出自己的某一面,从别人的身上,可以看到自己心灵中自己看不到的侧面。不论是在教学过程中还是在平时的生活中,教师应特别注重自己和学生、同行之间形成一种交流互动的人际关系,建立平等、民主、和谐的教育环境。

二、加强人际包容能力,强化对他人的理解

每个人都有自己特定的成长环境,他所生长的家庭环境和社会环境会给他的自我意识打下烙印,对他人会有自己独特的看法。当他用自己的世界观、人生观和价值观去评价他人时,就无法深入理解他人内心深处的感受。在人际交往的实践中,应不断修正自己固有的价值观标准,耐心倾听来自他人内心深处的声音,加强人际包容能力,强化对他人的理解。

三、保持良好的心态,淡化情绪的负面影响

当人们处在高度的压力下,容易出现焦虑的情绪,许多内在的情感需求得不到满足,就会不断地从潜意识中浮现出来,会变得烦躁不安,虽然懂得与人交往中亲和的原则,可是生理状况不允许他们做得很好,

不由自主地发脾气，给自己的人际关系增添许多麻烦，亲和力也会下降。所以，教师在教学之余，要劳逸结合，坚持和学生一起参加一些有意义的体育、文娱活动，或者能够在课余时间平等地与学生一起坐在教室里促膝谈心、交流思想，放松自己，始终保持一份好心情，淡化因情绪波动而产生的负面影响，才能具备良好的人际亲和力。

说课，心中要有"新"意

说课，这一新的教学研究形式，自 1987 年在河南新乡出现以来，因其操作简便，概括并完善了过去的"讲课——评课"的传统教研形式，可大面积提高教师的业务素质而很快风靡全国。

然而，在一阵风风火火之后，却使不少的教师感到在说课时有点"腾云驾雾"；在写说课讲稿时，会莫名其妙地产生一种感觉：这说课讲稿怎么有点传说中"八股文"的味道？

这不能不说是一个危险的信号：它说明了部分教师对说课的认识进入了误区，也说明了对开展说课活动的导向发生了偏差，更说明了说课的形式与讲稿的写作模式有待创新、改进。如果这种认识得不到及时的、有效的遏制，那么说课的生存与发展将受到影响，甚至轰轰烈烈的说课研究将昙花一现，很快夭折！

新的课程标准，需要有新的教学理念、教学策略和教学方法来支撑。对于说课而言，同样需要创新。说课是教学实践中的一个创举，它为教改教研开辟了一个宽广的天地，它的生命力就在于它自身的创新性。而要做到说课创新首先要求教师心中要有"新"意。

我们知道说课是深层次的教学研究。一节示范性的说课，对教学具有很重要的指导意义，所以说课者在说课中自身首先应具有创新的思想，形成具有创新的说课方式。在说课过程中，应注意将自己的教学经验总结提高，形成自己的教学风格，同时要注意发现新问题，提出解决问题的新思路、新方法。在说课后说课者应根据个人素质的不同，有创新地进行反思。这样，才能从"新"中吸取经验，总结经验。这样才能使教师的业务水平不断提高，进而最终达到提高教学质量的目的。

那么教师在说课时如何做到心中要有"新"意呢？

一、更新教育教学理念，用新理念指导说课

说课是教师教育思想的体现。陈旧的教育观念犹如一棵几千年的古老大树，结出了应试教育这个又酸又苦的果子，现在要改变果子的味道——实施素质教育，就必须对大树进行接枝换冠。传统的教学观念只重视知识传授，忽视能力培养；重视教师主导作用，忽视学生主体地位，而这些都是与素质教育格格不入的。推进素质教育，是对传统教育思想和陈旧教育观念的深刻变革。我们在继承传统教育思想丰富遗产的同时，必须摒弃那些呆板的、机械的、束缚学生思想的东西。说课是能够反映素质教育的新观念新方法。这就要求教师在说课研究中养成探索思维的态势和创新的精神境界，主动开展教研教改活动，在经验反思的基础上体会素质教育的深刻内涵，把最新的教学成果消化吸收，化为己有，形成新的教育理念。说课一旦受到新的教育理论的指导，就能把握时代的脉搏，体现出创新精神，并释放出巨大的能量。

二、对学的指导，着力于表现新方法

说课的对象一般是教师同行，但归根结底是为了学生。说课不论说什么，都旨在说明如何处理"教"与"学"的问题及其依据。教学的落脚点在于"学"而非"教"，正如陶行知先生所说："先生的责任不在教，而在教学，而在教学生学。"现代教育理论认为，学生参与的程度是课堂评价的重要标准，课堂教学的创新贵在学法指导的创新。

成功的说课就要突出学法创新的问题，努力表现学生灵活多样性的学习。教师要改变让学生跟在自己后面亦步亦趋的习惯，使他们用眼、用口、用手、用心自觉地主动地参与课堂。说课时，教师心中要有"人"（学生），注意结合实际确立教学目标，根据学生学习积累的实际，着力指导学生，有意识地通过"引——扶——放"的途径，培养学生的自学能力。"引"就是设置疑问，诱导思考，引发争论；"扶"就是帮助学生归纳、小结方法；"放"就是放手自学，让学生在学中得法，又用法于学。

总之，说课要注重创新，创新是说课发展不可枯竭的力量源泉。只要我们不断思考探索，利用各种新信息，形成新观念，大胆实践，说课这朵奇葩就会放出更夺目的光彩。

三、用情说课，让人耳目一新

说课是说者和听者的双边活动，在说课中无论教师采用哪种方法，最有效的应该是教师用丰富情感去激发听者的兴趣和热情。

我们常说说课是需要激情的，这话不无道理。有的教师不温不火，听课者听课如听催眠曲；有的教师一副旁观者的姿态，面无表情，严肃有余，活力不够；有的教师说课时正襟危"站"，目不离教案。教师没有激情，听课者自然也就没有了听课的兴趣。

教师是演员，要善于表演，表演得好，正是情感投入的缘故。著名特级教师程少堂曾经说过，他最喜欢上公开课，越是人多他越会"人来疯"，越有激情。有的人声音很响，但总比声音如蚊子好；有的人走动频繁，但总比一动不动好；有的人虽然普通话不准却抑扬顿挫，这总比普通话很准却有气无力好。有人说听课得先听气氛，这气氛恰恰就是教师的激情营造的。没有激情的课堂，就像一潭死水，掀不起一丝波澜。有激情的课堂，如同飞瀑直下，浪花四溅。

一个名人讲过一个故事：她的儿子小时候不愿意听录音机里播放的故事，非要妈妈讲故事。被缠得不耐烦的母亲很生气地说："妈妈发音不标准，读得怪声怪调，有什么好听的？"这个母亲认为孩子是在故意撒娇，结果儿子的回答让她茅塞顿开。儿子说："妈妈，你是带着感情在讲，但录音机就不会！"这个小故事说明了一个道理：老师带着感情进行说课教学，永远比任何豪华的教学"硬件"都重要。

带着感情去说课是激情的一个主要起点，感情的投入是显示教师魅力的催化剂。现代教育的意义已经由过去的单纯传授知识与技能，转变成了一种情感教育。现代的教育在于试图改变一个人的性情，让人变得更有教养，更富情趣，更具亲和力，更懂得生命的崇高，更能理解、尊重和珍惜生命；更能悲悯、宽容和善待世间万物，当然也包括自己。

用情说课，会让人耳目一新。

对于说课活动而言，是同样的道理。教师应如何投入情感地去说课呢？

四、自信、乐观、善于保持自身良好的情绪状态

教师是说课活动的主导力量，教师的情绪状态如何，对听课者的情

绪状态有很大的感染作用，从而影响说课教学活动的气氛和效果。首先，教师应当充满自信。教师的自信能使自身保持良好的精神状态，也能使听课者对其的说课更为信服。其次，教师应当积极乐观。教师的积极乐观可以激发听课者听课的兴趣，使之在一种轻松、快乐的状态下听课，从而提高说课的效果。此外，教师在说课中的精神状态还应当饱满和振奋，甚至有时还应有某种程度的激情和高涨的情绪表现，这样才能更好地感染听课者，使整个说课课堂充满生机和活力。

五、幽默、睿智、善于表达教材中的情感

情感教学另一个主要方面就是教师在教学过程中富有感情地讲解教学内容。教学内容一般分为三类：一类含有显性情感因素，如语文课中的抒情散文、抒情诗；一类含有隐性情感因素，如历史课中对于奴隶生活的描写；一类不含情感因素，如一些数学、物理课的内容。对于不同的教学内容如何达到以情促教的效果，就需要教师具有深入挖掘与充分显示教学内容中情感因素的能力。

首先，教师应当深入感受教学内容中的情感。这就好比演员要充分展示角色的人物特点，演出真情实感，就先要深入体会角色的情绪感受一样，教师只有自己被教材中所蕴涵的情感所感染，才能把这种情感传递给听课者，使之受到感染。其次，教师要学会使用言语语言、表情和体态语言、情境语言。言语语言是教师传情达意的基本手段，教师要有一定的言语修养水平，注意语言的准确性与艺术性，能够恰当地表达教学内容中的情感；表情和体态语言是教师传递情感的重要辅助手段，正如马卡连柯所说："凡是不善于模仿、不能运用必要的面部表情或不能控制情绪的教师，都不会成为良好的教师。"情境语言是指利用情境的烘托，使听课者受到感染，更好地体会教学内容中的情感，这也是用情说课的重要手段。最后，教师还应当在表现教学内容情感的过程中注意幽默、睿智、风趣，使教学达到科学性和艺术性的完美统一。

说课有其独特的风格和特色

教师的研究，是以解决问题为中心的一种研究方式。比如，一个兴趣，一个问题，尝试一种新的想法，开发一种新的教学方法；一种"不明"

的情况，课堂上的意外与无法解释的体验，这些意外与体验可以看作是进行研究、发展教学策略的一个起点。从马克思主义哲学原理来看，客观事物既有普遍联系性，又有自身特殊矛盾性。说课同其他教学活动一样，具有一致性，也有其自身特性。

一、理论性和科学性的特征

由于听课的对象是领导、评委和同行，其教育素养较高，鉴别能力较强，容易发现说课中的科学性方面的缺陷和问题，说课教师对此不敢掉以轻心、随心所欲。这就促使说课教师认真钻研教材，广泛深入地分析教材和学情。特别要提高自己专业知识水平，以加强说课的科学性。要求说教材必须注意教材内容的高度科学性，必须是反映客观事实及其规律性的知识；所说的教法和学法，也必须是科学的方法，即实事求是的方法，即客观的教育对象本身去探讨教学的规律性的方法。这就迫使教师放弃照本宣科的教条主义的做法，认真审视所教知识的科学性和思想性，以最新科学知识成就进一步对教学内容进行发展和完善，并通过说课的评议和交流，及时取得科学性上的反馈信息，使说课内容中的科学性问题得到及时纠正或提高，使之更加科学和合理。

二、概括性和预见性

1. 概括性

说课的概括性特征主要是指说课较之传统的备课和上课要求达到更高的标准和水平，即高标准严要求。以往的备课是为了面对学生讲课，又是以个人钻研为主，是教师个体思维的成果；而说课的对象，是懂教材、熟业务，具有一定教研水平和能力的领导和教师，又通过说和评使之成为集体智慧的结晶，因此说课所达到的水平是一种高层次水平。说课者为了使自己的说课达到较高水平，必须认真学习先进教育教学理论和教改经验，以充实自己说课的科学理论依据。评说者为了使自己的评说能达到高水平，也需要熟悉和掌握教材以及教育学、心理学等方面的理论知识，以便对说课做出高水平的评价。这样说者和评者都能在高层次水平之上得到切磋和交流。这就又促使说和评双方都需要超前学习，力求提高自身各方面素质，这样才能适应说课的新要求。而说课这种高层次的教研活动正好促使教师得到较大的提高。

2. 预见性

说课的预见性特征，是指通过说课对课堂实际教学效果及学生的接受情况等做出较为准确的预计。说课在说教师怎样教和怎样指导学生学中，就要对学情进行细致的、准确的分析，如所教学生的原有知识基础、智能发展水平、学习态度、学习中反映出来思想情况以及心理特点和非智力因素等方面的差异。根据对学生这些方面情况的分析，做出科学的估计。估计各层次的学生对老师的教法会有何不同的反应，对新知识的学习有何困难，说出如何根据不同情况采取相应的措施和办法，并说出学生对自己的提问将会做何种回答以及课堂上将会产生何种偶发事件，教师准备如何处理，等等。评说者根据说者的这些估计，评价其预计的客观性、准确性，还有哪些未估计到，提醒说者注意。通过说和评双方共同研讨，做出最后的估计，即可比较接近实际。只有在说课中做到知己知彼，才能在课堂教学中做到"百战不殆"。

三、灵活性和广泛性

1. 灵活性

说课的灵活性特征，是指说课的内容、形式和方法等具有高度的灵活性。认识一个事物的特征把它与同类其他事物相比，可以显示得更清楚。①与教案相比，它直观、形象、溢于言表，变静为动，更接近于课堂教学实际，且形式活泼。②与观摩教学相比，它形式灵活。简便易行，不受时间、地点、设备、人数、教学进度和教材等方面条件限制。时间可长可短，从十分钟到几个小时；人数可多可少，从两三人到几十、几百人；范围可大可小，大到省、市、区（县），小到学校教研组或同科教师都可进行说课。也无须特殊的设备条件，不论何时何地都可以进行说课交流。"它是把备课与讲课紧密结合，教学与研究紧密结合，教研与师资培训紧密结合，它的特点就是这三个结合"。这三个结合也突出地显示了说课的灵活性特征。

2. 广泛性

说课的广泛性特征是指说课具有参与的广泛性、适用的广泛性、内容的广泛性、时间的广泛性等。①说课参与的广泛性是说它和备课、上课一样，每位教师都可参与，即全员参与，个个说课，能使全体教师（包括老、中、青）都有登台表演的机会。不像观摩教学，只有极少数才能

登台表演，而大多数教师无法展现自己的才华。说课能使全体教师充分发挥自己的聪明才智，极大地调动其参加教研活动的积极性。②说课适用的广泛性，是指无论各级各类学校、城乡学校和边远山区学校等都可适用，说课活动得到广泛开展和运用的事实，就是有力的证明。③说课内容的广泛性，是指无论什么内容皆可说课，任何年级、任何学科、任何阶段的教学内容都可进行说课，可供教师根据自己的特长去选择。④说课时间的广泛性。说课既可在课前，也可在课后。

四、激励性和时效性

说课的激励性特征是指说课能最大限度地满足教师工作、学习上的精神需要。它是建立在内部激励机制的科学原理基础上的。说课使教学经验丰富而仅仅因为教态或普通话方面的问题不能登台做观摩教学的教师，有了登台表演的机会。说课又建立了一系列奖励制度，如获得说课成功、说课经验在学术研讨会上得以交流、说课论文能在报刊杂志上刊登，既可受到同行的赞誉、敬仰、尊重，又可得到上级的表彰与奖励。这种精神需要的满足，又反过来进一步激发教师工作的积极性。同时，说课又使教师增强了竞争意识，有力地激发了广大教师工作的积极性。说课的时效性特征是指说课见效快，能及时获得良好的教学效果。这是上述一系列说课特征的综合性体现。概括地说，开展说课活动能够获得两个提高，即教师素质提高，教学质量提高。具体地说，"一是调动了广大教师学习教育理论、钻研教学业务的积极性，使学习教法、切磋教艺之风逐渐浓厚；二是改变了中小学各科教研组长期只教不研或教研脱节现象，促进了教与研的有机结合；三是说课活动为新教师增加了压力，为老教师注入了活力，有效地改变或制约了部分教师备课马虎、上课敷衍的现象，大面积提高了教师的业务素质"。

由上可知，说课独具风格和特色，依此博得有关专家和领导的关注和赞赏，并为广大教育工作者及同人所接受，已在教育理论和实践中占有一席之地，在其发展中开辟教育理论的新领域，有着无限的光辉前景。

五、掌握说课的五个要诀

1.说纲本要"深"

任何一门学科，都构成了一个相对完整的知识体系。每节课的内容

都是这个体系中的一个"小分支"。比如对于语文学科而言，它要求教师在说课前就一节内容出发追本溯源，找到它在大纲中的位置，看看大纲对所在单元及课文的要求，然后顺藤摸瓜，准确把握大纲对这节课的要求。至此，这节课的教学目的、重点难点就可随之确定了。反之，脱离大纲的说课就是无本之木、无源之水，给人一种虚无缥缈的感觉。

2. 说方法要"实"

这个方法既包括教师实施教学目标的教法，又包括学生在这节课上要掌握的学法。只有教法得当，教师才能有条不紊地施教；只有学法合理，学生才会兴趣盎然地受教。而要做到教法得当，学法合理，教师在备课说课时必须要"实"。要从教材的实际出发，从学生的实际出发，遵循学生掌握知识"由浅入深，循序渐进，由感性到理性"的认识规律，依据"主体参与，分层优化，及时反馈，激励评价"的十六字原则、理论联系实际的原则以及传授知识和发展能力相结合等教学原则来确定教法、教学手段和学法。作为教师还要有全局观，树立面向个体学生的思想，实行分层优化，采取帮带小组、小组讨论等方法，促优生提高，帮差生转化。总之，"教学有法而无定法，贵在得法"，教师必须找准出发点，采取切实可行的教学方法，从而实现说课教学所要达到的目标。

3. 说习题要"准"

课堂练习与课后作业是检查课堂教学效果和巩固课堂教学内容的手段。因此习题的设计一定要"准"。既要准确体现该节课教学的目标、重点、难点，又要与考试题型、难度相吻合。否则就会事倍功半，收效甚微。同时，教师设计这些习题一定要考虑不同水平学生的接受能力，做到分层设计、区别对待，真正做到使"优生吃饱，中等生吃好，差生吃了"，以此达到说课目的。

4. 说程序要"精"

说课堂教学程序与前三项比起来，应说得详细些，因为课堂教学程序的设计和安排既是说课的出发点，又是落脚点，是贯穿整个说课过程的一条主线。但说课毕竟不同于授课，它面对的是与说课者水平相当的教师，因此说课堂教学程序时无须将教案全搬出来，而要做到一个"精"字。具体地讲：一要说出课堂教学的整体思路和环节；二要说出处理教材、教法和学生实际之间联系的方法；三要说出对每个环节、每个层次、每个步骤的设想和安排及这样设想和安排的依据；四要说出教学中突出

重点、突破难点、抓好关键点的理由和方法；五要说出习题设计和板书设计的意图、目的和理论依据。只要将以上五方面用最精炼的语言说出，使人听得明白，即可达到教研交流的目的。

说课，作为教研活动的一种形式，要求教师发挥主体作用，积极参与。只要我们深钻纲本，细研方法，优选习题，精琢程序，就能保证说课质量；只要我们持之以恒，坚持说课，就可不断提高自身素质，从而适应教改形势。

5. 说课的独特性

从说课的内容和性质来看，它同备课、上课有许多共同之处，但又独具特色，这里择其主要特点进行介绍。

（1）说理性

备课，可以从教案看出"为什么怎样教"；上课，可以从课堂教学看出"怎样教"。而说课不仅要说出"怎样教"，还要说清"为什么这样教"，要让听者不仅知其然，还要知其所以然。这是说课区别于备课、上课，形成独有特征的主要原因。

说课要求教师从教材、教法、学法、教学程序四个方面分别阐述，即运用教育学、心理学等教育理论知识去阐明道理。

（2）科学性

课堂教学要求教师以科学的理论为指导，用科学的方法解决教学的矛盾和问题。教师必须遵循教学原则去设计教学程序，教材的处理、挖掘及传达程度具有科学性、逻辑性和思想性。

（3）高层次性

由于听课的对象是懂教材、熟业务并具有一定教研水平的领导和教师，所以我们要学习先进的教改经验和教学方法，学习有关教育理论，充实说课理论依据，特别是对教材的处理、教法的选择、板书的设计、语言的推敲，比以往备课更为精心，教学结构更趋合理。

（4）预见性

说课要求教师不仅讲出怎样教，还要说出学生怎样学。所以，说课者要对所教学生的知识技能、智力水平、学习态度、思想状况、心理特点、非智力因素等方面的差异进行分析，估计学生对新知识的学习会有什么困难，说出根据不同情况采取的相应措施和解决办法。说课者还要说出自己设计提问的关键问题，估计学生如何回答，教师应该怎样处理。

说课前做好充分准备

一、知识准备

知识是基础，没有比较丰富的知识，要想说好课是不可能的，所以说课前首先要做好知识准备。知识准备的内容很多，其中比较重要的是教学大纲、教材知识及其他相关知识。

首先，熟悉大纲，学科教学大纲是指导学科教学的纲领，教材是根据大纲编写的，这一点说课教师往往忽略。在说课前，教师一定要熟悉教学大纲，掌握大纲所规定的教学任务、教学目标及各年级的教学要求和教学中应遵循的原则，尤其是要根据教学内容分解教学大纲所规定的教学目标。离开教学大纲的具体要求，说课就会迷失方向。例如，对学生口头表述历史的能力的要求，初一年级就不能要求学生能完整地叙述历史事件过程与历史人物活动，这是对初二学生的要求。初一学生只要求初步学会复述重要事件和重要历史人物的活动，能概述重要历史事件和历史人物的重要内容。

其次，钻研教材，熟悉所说教材的编写意图和教学目标，了解知识的承接性和延续性，对知识系统的内在联系要做到心中有数。还要掌握本课在本册书中所处的地位和作用，明确重点难点。

最后，涉猎边缘学科的知识，扩展知识视野，使之具备多学科多层次的知识结构，这样才可以在本学科这个天地里游刃有余，使说课具有深度和广度。

二、理论准备

说课的理论因素很重要，教师只有一定的理论水平，是说不好课的。说课一定要在理论指导下去研究教学内容的分析、过程的设计、教学方法的运用。否则，说课就没有高度，就是无本之木。因此，教师在说课前要针对教学实际需要，有计划、有步骤地学习教育学、心理学、学科教学法等有关理论。明确教育规律，掌握所教年级学生的生理、心理特点，掌握本节课说课所要遵循的教学原则，掌握本学科的主要教学方法及要求。只有这样，教师才能不断提高教育理论的素质，为说好课打下理论基础。

三、技术准备

1. 明确说课的内容和要求

要想说好课，首先明确说课要说什么。关于说课的内容，没有固定不变的"框框"，通常包括说教学目标、说教材、说学生、说教学方法和说教学程序这五项内容，其中说教学方法包括教师的"教"和学生的"学"两个方面。

说课要求教师不但要说出怎样教，而且还要说清"为什么这样教"的理论依据（包括大纲依据、教学法依据、教育学和心理学的依据等），达到理论与实践的有机结合。

2. 掌握说课的技巧

（1）加强说的功夫

说课有不同的类型、不同的目的，但却都要用语言表述。要动口，就要加强说的训练，要有说的功夫。要注重语气、语量、语调、语速、语感；要进入角色，脱稿说课不能用背的语调，要用"说"或者"讲"的语气，设计意图则用说明性语气，二者要有区别；注意教师所处的位置要和讲课相同，板书和演示操作等活动要自然和谐、落落大方。

（2）对说课的内容要分清主次

教师在说课时，对说课的各方面内容不能平均使用力量，不能"眉毛胡子一把抓"，要分清主次。只要说清"是什么"和"为什么"即可。

3. 准备好说课所需的教具

在说课前，要准备好本次说课所用的尺、挂图、小黑板、卡片、幻灯片等教学用具，以及表演和板书需要的饰品和图形。在说课时，根据需要做必要的介绍和演示。

四、心理准备

由于说课是一种新生事物，许多教师根本没有接触过。它又要求教师在短时间内谈完一节课设计的整体思路。如果说课教师心理压力过大，很容易在说课时失去心理平衡，形成心理障碍，从而影响正常水平的发挥，这就需要说课教师在活动之前，做好充分的心理准备。

1. 充分认识说课的重要性

"说课"活动是在短时间内提高教师素质的最佳形式，也是大幅度

提高教学质量的有效途径。教师要充分认识到这一点，从而积极踊跃地参与这项活动，由压力变动力。积极主动地学习现代教育理论，认真钻研大纲、教材、教法。这就使教师的理论水平和业务能力在原有基础上得到进一步提高。

2. 增强自信心

由于说课之前大概圈定了范围，教师已对这些内容做了准备，所以教师要卸下思想包袱，消除紧张心理，说课时从容自如，同时要正确地估计自己的实力，使能力得到应有的发挥。

3. 注意自我的心理调节

说课是在没有学生配合的情况下的，一切靠教师自己完成，有时可能出现漏洞，这时需要教师具有稳定力、应变力，消除心理紧张，稳定心理状态。这种自我控制心理能力不能一蹴而就，需要在平时就加以训练。

"凡事预则立，不预则废""不打无把握之仗"，这都说明了事前准备的必要性。充分准备是说课成功的起点，也是自我提高的过程，只有说课准备充分，才能提高说课的质量，才能不断提高教师自身的业务水平。

五、说课应该说明的问题

1. 内容的选择及其依据

说课者首先必须说清楚此次活动的内容是什么及为什么要选择这些内容。活动内容和教材不是同一概念，活动内容应包含教材，但不局限于教材，还应涉及与教材有关的延伸内容。因此，在说明活动内容时，必须说清楚教材及与教材有关的内容。在阐述选择活动内容的依据时，须涉及以下内容。

第一，活动内容与教育目标的适应性关系。教育目标是教育活动的起点和归宿，对教育活动起着导向作用。活动内容的选择要以教育目标为核心，这样才会使教育总目标的实现成为可能。所以，活动内容的选择必须考虑阶段教育目标，说课者必须说清楚两者之间的适应性关系。

第二，活动内容和活动主体（学生）之间的适应性关系。学生是教育活动的积极参与者而非被动接受者，活动内容必须与学生兴趣、需要及接受能力相吻合，否则教育活动的目标将难以实现。

2. 具体活动目标的确定及其依据

活动目标是教育总目标、年龄阶段目标及近期教育目标的具体化，只有落实了每一个具体活动目标，才有可能最终实现近期教育目标、年龄阶段目标及教育总目标。因此，说清楚本次活动的教育目标是什么及为什么确定这些目标是必要的。其依据分为以下几方面。

第一，具体活动目标与教育总目标、年龄阶段目标及近期教育目标的适应性关系。具体活动目标是指本次教育活动中要达到的目的，它是与教育总目标及年龄阶段目标、近期教育目标相一致的。应当说，具体活动目标是为近期教育目标、年龄阶段目标、教育总目标服务的。教育目标正是通过每一个具体活动落实到学生身上的，具体活动目标的积累便构成了近期教育目标、年龄阶段目标及教育总目标。因此，它们之间的适应性关系必须说清楚。

第二，具体活动目标与活动内容的适应性关系。活动内容是具体活动目标得以实现的载体之一，学生正是通过与活动内容、活动材料等相互作用来实现活动目标的，因而活动目标与活动内容之间有着某种特定的联系，活动目标的确定应结合活动内容的特点。说课者必须说清楚它们之间的相互适应性。

第三，具体活动目标与活动主体的适应性关系。具体活动目标与学生的关系可以通过具体活动目标与近期教育目标、年龄阶段目标、教育总目标的关系来说明，因为近期教育目标等三个层次目标的确定肯定会考虑学生的兴趣、内部需要、知识经验和接受能力等。因此，说清楚具体活动目标与近期教育目标等三个层次目标的关系，也就说明了具体活动目标与学生的关系。

3. 活动准备的提供及其依据

活动准备是实现活动目标的必要条件。说课者必须说清楚为活动做了什么准备及其依据。其依据可从以下两方面加以阐述。

第一，活动准备与具体活动目标及内容的适应性关系。活动准备是为具体活动目标服务的，同时活动准备必须与活动内容相符。因此，活动准备与目标、内容的适应性关系必须说清楚。

第二，活动准备与活动主体的适应性关系。学生是通过与环境、材料的相互作用来获得发展的。因此，活动准备必须与活动主体的能力、兴趣、需要等相适应。这一点在说课时必须说清楚。

4. 目标达成策略及其依据

一定的活动目标是通过一定的策略来达成的。这里的达成策略可包

括活动步骤及活动的方式方法。可从以下几方面说清楚安排活动步骤、选择活动方式方法的依据。

第一，活动步骤、活动方式方法与活动目标的适应性关系。活动步骤的安排、方式方法的选择必须以活动目标为核心，而活动目标既有赖于整体的教育活动过程来实现，又以不同的侧重点分散实现于各个活动步骤。因此，说课者必须分解活动目标，并分析各层次活动目标与各步骤及方式方法之间的适应性关系。

第二，活动步骤、活动方式方法与活动主体的适应性关系。活动步骤的安排、方式方法的选择必须考虑学生的学习规律、兴趣、知识和能力等，以便学生在活动中发挥主体能动作用，变外因为内因，更好地实现教育目标。因此，必须说清楚活动步骤、活动方式方法是如何与学生相适应的。

第三，各活动步骤之间的适应关系。每一个教育活动都是由几个活动步骤组成的，所有的活动步骤之间都存在着必然的逻辑联系，前一步骤是后一步骤的基础，后一步骤是前一步骤的继续和发展，这样层层深入，逐步实现活动的目标。说课者必须说明各活动步骤之间这种适应性关系。

5. 活动效果分析

良好的活动效果是每一个活动组织者所追求的，但并非每个活动都能达到。说课者必须客观地分析并说明自己所组织的活动的效果。

第一，活动目标达成的情况及其原因。活动目标是教育活动的核心，教师在设计组织教育活动时应充分考虑教育诸因素之间的适应性关系，以便最大程度地达成活动目标。然而，教育是一个动态的过程，在这个过程中难免会出现意想不到的情况，从而影响目标的达成。因此，必须对活动目标达成的情况及其原因加以说明。

第二，活动主体参与活动程度的分析。学生积极、主动地参与教育活动应视为活动目标达成的标准之一。故说课者必须对学生参与教育活动的程度做出分析。

第三，根据活动效果，说明改进思路。通过对活动效果及原因的分析，教育活动组织者不仅总结了活动成功的经验，也找到了自己设计和组织工作中的不足。为了更好地实现活动目标，说课者应提出改进本活动的思路。

6.处理好教学大纲与教材的关系

教学大纲是国家教委颁发的指导性文件，是教学的依据，具有法定的指导作用。它的制订是教委领导、专家学者和有丰富经验的教师共同努力的结果，是字斟句酌、反复推敲而得出的结论。说课教师在说课前应认真学习教学大纲中的指导思想、教学原则和要求等，把它作为确定教学目标、重点难点、教学结构及教法、学法的理论依据。教材是根据教学大纲编写的，也是学生学习的主要依据。教师说课应"以本为本"，但不能"照本宣科"，要能驾驭教材，发挥创造性。因此，说课教师应在熟练地掌握教材内容的前提下，牢牢把握教学大纲和教材的关系，要把教学大纲和教材结合起来，认真钻研，反复揣摩编者的意图，只有这样才能正确地、有分寸地发挥创造性。

7.处理好说课和备课的区别

备课是教师在吃透教材、掌握教学大纲的基础上精心写出教案。它有明确的教学目标、具体的教学内容，有连贯而清晰的教学步骤，有启发学生积极思维的教学方法，有板书设计和目标测试题，等等。而说课，则是教师在总体把握教材内容的基础上，说出在教学过程中，对各个环节具体操作的想法和步骤，以及这些想法和采用这些步骤的理论依据。简单地说，说课主要是回答了自己为什么这样备课的问题。因此，说课教师不能只按照自己写好的教案对上课的环节做简单概述。

8.说课详略得当

说课教师对所说课内容应做详略取舍,切不可面面俱到,对重点难点、教学步骤及理论依据等一定要详讲，对一般问题要略讲，若不分"详略"、不分主次，必然会使听者感到茫然或厌烦。

9.处理好说课与上课的区别

上课是教师在特定环境中，依据自己编制的教案，实现教学目的、完成教学任务的过程。上课有具体的教学对象，有具体的师生配合过程，有一定的教学程序和具体的操作方法，是具体的教学实践活动。说课则不同，它是由说课教师给特殊听众（教师）唱"独角戏"，是教师唱给教师听的，它侧重于理论阐述。因为说课带有相互学习、共同探讨教学方法、提高教学质量的性质，也可以说，它是集体备课的一种特殊形式。因此，说课与上课的性质是根本不同的，在某种程度上说，说课回答了自己怎样上好这堂课的问题。

10. 说课中多问几个"为什么"

说课教师在说课时应不断设问"为什么",而且自己应该做出令人满意的解释。如果对有些问题尚未搞清楚,应在说课前认真钻研教材,多查阅资料或请教别人,切忌在说课时使用"可能""大概""或许"等词语,以免听者不知所云。当然,说课质量的高低取决于教师的教学理论水平和实践经验及对教材把握的程度。说课有一般环节的要求,但无固定的模式。

说课的听众是同行和领导,而不是学生。因此,说课者要置身于听众思维与学生思维的交会处,面对听众讲述如何教学生。说课要找准说点,要把备课与讲课的临界点作为说课的基点和落脚点,还要把握好"说度",因为说得过略过简,说不出基本内容,听众无法接受。如何把握"说度"呢?只要抓住本节课的特点特色,突出某一方面,把课说得有条有理、有章有法,就把握好了"说度"。

(1)说课将教师的隐性思维变成显性思维——备课思维外现化

在备课过程中,教师对教学大纲的把握、对教材的理解与挖掘和对学生学习能力的评估与预测等一系列活动,都是隐性的思维活动过程,而说课是通过语言的媒介作用,将备课的思维过程表达出来,使更多的人直接感知说课者的思维过程。如果我们能够把备课的过程以说课的形式表达出来,最起码教师的备课是有条理而精炼的,思路是明确而清晰的。思维过程能够达到语言化,这是层次上的提升。

(2)说课将教师的个体行为变成群体行为——备课行为立体化

在很多情况下,教师的备课是作为个体行为活动来考查的,既然是个体活动,那么备课的质量和水准就必然受个性主观因素的影响,而说课是需要多人参与的,有说课就有评课,两种活动交织在一起,就必然存在思维的互补和思想的交流。对同一问题进行多角度的推敲,有利于每个参与者对个人经验的取舍和对他人观念的扬弃。另外,从这个角度看我们的个人教学和教研活动,或许会多一点启示。受客观因素的影响,如民办学校所面临的社会压力、在发展过程中所产生的困扰等,在很大程度上我们的教学不得不追求短期效应和功利性。对个人教学而言,我们在教学过程中也会感到心理上的疲劳、无法"充电"的困惑、吃老本的尴尬。对教研活动而言,基本上是在"统一进度、统一备课、统一作业、统一测试"的四个统一的模式之下,集体智慧的汇集与发挥,从根本上

对教学进行推动，出色的教研成果的获得都是很艰难的。而说课具有简便、明快、高效、省时、易于安排和控制的特点，虽不能代替教研活动，但它完全可以纳入教研活动的范畴。在个人支配时间相对少的环境中，它是丰富教师个人知识储备的有效方式，它能促进教师投入其中，促进教师对自己的教学活动进行回想和反思。同时，在这个把备课时的隐性思维转化为说课时的显性思维，把静态的个人行为转化为动态的群体学术性讨论的过程中，它提高了教研的学术层次。如果把说课作为教研活动的一部分，那么将我们通常的说课转变为单元说课、章节说课也未尝不可。

（3）说课使备课环节由只重视操作变成既重视操作又重视理论研究——备课研究理论化

说课是以教育学、心理学理论为指导，以每堂课的具体知识为内容，以教学具体操作为借鉴，对教材、教法、学法及教学程序进行设计。它是一种独特的思维方式和表现形式。如果让哪位教师进行说课，他自然要活用自己所掌握的教育学、心理学的有关理论，站在理论的高度去审视、考察和分析自己将要实施的课堂操作行为，应用最简练的语言，说明"怎么教""我为什么要这样教"。

教法关系着教学的成败

教师在教学过程中，应努力转变角色，适应课程改革的要求，即成为教学活动的设计者、学生潜能的发现者、学习活动的促进者、学习组织的管理者、学生学习的合作者、学生成长的引路者。为了实现这些理念，教师必须改变陈旧的教学方法，灵活选择适合学生发展的有效教学方法，不断优化课堂教学结构，构建师生共同发展、具有生气与活力的课堂。

说教法是指说怎样教的问题。其中贯穿着说为什么要这样教的理论依据。教学方法及其理论依据，在教学实践中具有重要指导意义，它是完成教学任务、提高教学质量的基本保证。教学实践证明，采用的教学方法不同，其效果也迥然不同。为了完成教学任务，提高教学质量，必须认真研究和学习教学方法。因此，说课必须说明本课准备选用什么样的教学方法，为什么要选用这种方法，这是说教法的主要内容。

一、教学方法的含义

教学方法是教师和学生为了实现共同的教学目标、完成共同的教学任务，在教学过程中运用的方式与手段的总称。对此，可以从以下三个方面来理解。

第一，具体的教学方法，从属于教学方法论，是教学方法论的一个层面。教学方法论由教学方法指导思想、基本方法、具体方法、教学方式四个层面组成。

第二，教学方法包括教师教的方法（教授法）和学生学的方法（学习方法）两大方面，是教授方法与学习方法的统一。新课程标准倡导"以学定教"。因此，教授法必须依据学习法，否则便会因缺乏针对性和可行性而不能有效地达到预期的目的。但由于教师在教学过程中处于主导地位，所以在教法与学法中，教法处于主导地位。

第三，教学方法不同于教学方式，但与教学方式有着密切的联系。教学方式是构成教学方法的细节，是运用各种教学方法的技术。任何一种教学方法都由一系列的教学方式组成，可以分解为多种教学方式。另外，教学方法是一连串有目的的活动，能独立完成某项教学任务；而教学方式只被运用于教学方法中，并为促成教学方法所要完成的教学任务服务，其本身不能完成一项教学任务。

与教学方法密切相关的概念还有教学模式和教学手段。教学模式是在一定教学思想指导下建立起来的，为完成某一教学课题而运用的比较稳定的教学方法的程序策略体系，它由若干个有固定程序的教学方法组成。每种教学模式都有自己的指导思想，具有独特的功能。教师对教学方法的运用，对教学实践发展有很大影响。现代教学中最具有代表性的教学模式是"传授—接受模式和问题—发现"模式。

二、教学方法的意义

教学方法对完成教学任务、实现教学目标具有重大意义。当确定了教学目标，并有了相应的教学内容之后，就必须有富有成效的教学方法。否则，完成教学任务、实现教学目标就要落空。由此可见，教学方法从一定意义来说是关系着教学成败的重要问题。

方法名称是根据教师或学生的工作形式这样一种外部特征而获得的。

根据教学方法的名称，可以判断教学过程参加者的活动方式。教学的成败在很大程度上取决于教师是否能妥善地选择教学方法。知识的明确性、具体性、有效性、可信性有赖于对教学方法的有效利用。乌申斯基从教学方法能影响思维过程、影响学生求知主动性的观点出发进行了详细的研究。教学方法对于教学学习技能和技巧，特别是学习实际应用知识的技能起着重要作用。

洛克早就肯定地说过，任何东西都不能像良好的方法那样，给学生指明道路，帮助他们前进。当前科技的进步、生产的发展、祖国的富强，都要求各项工作讲求效益、提高效率。教学工作同样讲求效益、提高效率，但不能简单地依靠增大教师劳动强度和增加学生课业负担来提高教学质量。研究和改进教学方法，对工作中少走弯路，用较少的时间、精力和物力取得最佳的教学效果，是具有重要意义的一环。

用什么样的教学方法教学生，对于把学生培养成为什么样的人，也具有重要影响。教师的教法制约着学生的学法，同时对学生智力的发展、人格的形成具有重要作用。教师的教学经常采用注入式的教学方法，课上教师念笔记，学生必然要采取死记硬背的学习方法。课上老师讲，学生听，不给学生独立思考与独立活动的机会，学生就会缺乏主动性、独立性和创造性，就很难培养出一批勇于思考、勇于探索、勇于创新的人才。列宁在《青年团的任务》中谈到怎样学习时，就一再痛斥"死记硬背"书本、脱离实际的学习方式，认为这样只能造成"书呆子"；提出了共产主义者就应"理论联系实际"，使学生所获得的知识要经过"深思熟虑，融会贯通"。可见，是否用科学的教学方法，是关系到能否使学生成为具有聪明才智、科学头脑的合格人才的重要问题之一。

三、说课和教法的改革

素质教育是充分弘扬主体性的教育，是一种基础性、发展性、创造性的教育，它要求教师的教和学生的学必须采取与之相适应的方法。一般来说，教法和学法是不能分割的，教法中包含着学法，学法里体现着教法，二者共处于教学过程之中。但教法与学法又是两个不同的教学主体进行的不同活动，所以它们彼此又具有相对独立性，不可相互代替。教育学告诉我们：教学永远是教与学互相作用的统一活动，其任务在于通过教和学这种相互作用的统一活动，开发学生的潜能，发展学生的身

心素质。因此，素质教育的核心是教法与学法的改革。作为教学改革新创举的说课活动，其课堂教学的设计因素中就包含着教师教法的选择和运用、学生学法的指导和训练。说课教师依据教学方法的理论说教法，依据学习论说学法，不但要说出怎样教，而且要说出这样教的道理，因而说课具有了教学研究或教育科研的性质。教师以科学的教育理论为指导，钻研教材，研究学生，设计教学程序，选择教学方法，运用教育学、心理学及有关理论进行教学设计，从理性上认识教学过程的规律和特点，使学生既能听懂又能学会，从而使教法、学法信息得到广泛而有效的传播。因此，说课能促进教法与学法的改革。

教法作为教师教书育人所使用的方法，根据不同的原则，有不同的分类。应试教育把学生看作接受知识的容器，教法采取注入式；而素质教育把学生看作教学的主体，教法采用启发式。应试教育向素质教育转变，要求教师的教法必须改革。

在说课时，教师要说好一节课，必须很好地解决教学的途径和手段问题，即教法。教师说教法，不仅要说选择哪些教法，还要说清为什么，就是说不仅要知其然，还要知其所以然。教师要说好课，就要研究教法，研究教法的选择和运用，探索教法的改革和创新。教法具体规定的标准包括：选择恰当、多样、有启发性的教学方法；准备合适、多样的教具、学具；结合教学目的、教材特点和学生年龄特征贴切具体地说出所选教法的理论依据。

教师说教法时，应按照要求说清楚，并注意以下几方面。

1.说课要明确各种教学方法的特点和作用，做到教法合理优选，有机结合

教法多种多样，且各有其优势及适用的范围和条件。明确各种教法的特点和作用，有的放矢、合理优选是成功说课的必要环节。不同的教学阶段具有不同的教学任务，也需采用不同的教学方法。所以，要根据各阶段教学活动的目的，对各种教法进行优化组合，使用不同的教法交替进行教学，以使课堂教学富有生气、不单调、不枯燥，使学生自始至终处于积极、兴奋的状态。

2.说教法时，教法的选择和运用要以启发式教学为指导思想

启发式教学的指导思想就是教师在教学过程中，引导学生发现问题、分析问题、解决问题，从而发展学生的智力，培养学生的能力，使学生

掌握规律性的知识，由此及彼，举一反三，触类旁通。启发式教学的指导思想就是教师在教学过程中要充分调动学生学习的自觉性和主动性，让学生学会学习，学会创造。教师对任何教学方法的选择和运用都要以启发式的观点为指导，否则即使同一种教学方法也会出现不同的效果。

3.说教法时，选择教法的理论依据要准确、具体、针对性强

说明选择教法的理论依据，也就是说课者要从教育学、心理学的角度去阐述选择教法的理由。选择教法的依据常从以下几方面来考虑：

①根据教学目的选择与之相适应的教法；

②根据教学内容的特点选择与之相适应的教法；

③根据学生的年龄特点选择与之相适应的教法；

④根据教师自身的特长选择相适合的教学方法。

这方方面面的要求正是教法改革的关键，教法的改革须符合教学规律的原则。目前，反映教学规律性的教学特征有教育性、发展性、简约性、适应性、互动性等。这些已被人们发现和认识的教学特征，是古今中外广大教育工作者长期进行教学实践和理论探索的结果，教师的教法只有适应这些特征，教学才能成功。

四、如何才能把课说好

讲课是一门艺术，说课同样是一门艺术。在某种意义上说，"说"的要求比"讲"更高，因为它要求教师在十几分钟内将一节课的教学设计、教学过程及教学内容用简练准确的语言表达出来，呈现给其他教师。自说课产生以来，其鲜明的艺术性、较强的操作性和独特的实用性，引起了人们的高度关注，且不失为考查教师素质的一种事半功倍的方式。但由于受说课的时间限制、听课对象及相关要求等方面因素的影响，许多说课教师感到说课比讲一节课的难度更大，不好把握也不易成功。

五、应弄清楚怎样说课，这是说课艺术的基础

要做到把课说清楚，必须思路清晰，即按照"教什么—怎样教—为什么这样教"的思路说课，才能体现出课堂教学的概貌，才能符合教学的程序并与听者的思维同步。

1.说清"教什么"

说课者应说清以下项目：本课文的主要内容、特点、教学目标、教

学重点、难点、疑点、前后课内容与本课内容的内在联系等。让听者了解本堂教学内容的梗概并吸引听者思维与其同步推进，为讲与听之间产生共鸣做好铺垫。

2. 说清"怎样教"

说清"怎样教"，是实现讲与听之间相互交流、达到说课目的重要内容。这就要求说清根据教材特点和学生特点采取的教学方法、教学手段；说清课堂教学思路步骤、结构环节、板书设计、作业训练，以及如何突出重点和突破难点等项目。例如：

在说"楞次定律"时，要说清课的重点、难点，对感生电流的磁场方向与原磁场方向的关系，不妨让学生观察磁铁插入线圈的情况（S极插入，N极插入），让学生根据实验现象得出结论；然后，用N极拔出和S极拔出来验证学生的设想，能充分调动学生的学习积极性和发挥其聪明才智，开启其智慧的大门；再把学生的结论与实验对照，进行修改、纠正，得出正确结论。这样，就充分体现了人们认识客观规律的一般过程：实践（实验）—认识（结论）—再实践（用实践检验结论）—再认识（理论、规律、结论）。既突出了重点，也突破了难点——感生电流的磁场阻碍原磁场磁通量的变化。

3. 说清"为什么这样教"

说清"为什么这样教"，是实现讲与听之间高层次认识趋同的重要手段。这就要求说清这样教的理论依据，包括大纲依据、课本依据、课本编写意图依据、教学论依据、教育学和心理学的依据等。

六、应弄清如何才能把课说好，这是说课艺术的体现

1. 说课要突出一个"新"字

创新是艺术的生命，创新能突出说课的艺术。"新"是说课的关键：设计新——从导入新课、展开新课、巩固新课、给出新课几个环节，吸引听者，引起共鸣；方法新——不能平铺直叙，要注意激发学生的学习兴趣，启发学生的智慧；结构新——要有起伏，高潮迭起，环环紧扣；手段新——运用多媒体，突出重点，图文并茂。

2. 说课要体现一个"美"字

美是艺术的核心，说课跟讲课一样，应处处体现美，给人美的享受：

内容美——教师要善于从教材里感受美、揭示美、提炼美、升华美；语言美——教师语言美是决定说课成败的关键；情感美——情感是教学艺术魅力形成的关键因素，不投入强烈的情感，以情感来感染听者，就不可能把课说成功；板书美——板书是教师在备课中构思的艺术结晶，它有独特的魅力，给学生以美的熏陶；教态美——教态是沟通师生情感的桥梁，教态美可以激发学生对美的追求。

3. 说课要讲究一个"说"字

说课者要根据课型的要求抓住这节课的基本环节去说，说思路、说过程、说结构、说内容、说训练、说教法、说学法、说学生。在说课的过程中，要特别注意以下两点：①说课不等于讲课，教师不能视听课对象为学生去说；②说课不等于背课，教师不应将事先写好的材料拿去读。因此，教师在说课时，要紧紧围绕一个"说"字，突出"说"的特点，完成说课的进程。

4. 说课要抓住一个"活"字

说课的重点应放在教学过程、完成教学任务、反馈教学信息、提高教学效率上。换言之，说课重理性和思维，讲课重实践和感性。因此，在极有限的时间内完成说课，必须详略得当，繁简适宜。准确把握说度，说得太详太繁，时间不允许，听众觉得没必要；说得过略过简，说不出基本内容，听者无法认同。这就有一个"度"的把握的问题，最主要的是因材制宜，灵活驾驭，说出该课的特点特色，把课说得有条有理、有理有法、有法有效，生动有趣。

5. 说课要选准一个"说法"

教学思路是教师课堂教学思想的具体体现，是实施教学过程的基本构想。教师在授课时，也要环环扣住课堂教学思路，能否围绕教学思路实施"教法"，能否围绕教学思路指导"学法"，能否围绕教学思路展开"说法"，无疑是授课和说课成功的关键。

说课的方法很多，需要因人而异、因材施说，说课的方式包括说物、说理、说实验、说演变、说现象、说本质、说事实、说规律、正面说、反面说等。但无论怎样说，均要围绕教学目标，沿着课堂教学思路这一主线。

6. 说课要斟酌一个"说点"

说课的对象虽然不是学生，但这些听众都会竭力站在学生的角度去

对待说课，去审视说课的一字一句、一举一动。包括教学目标的制订、教学内容的落实、教学方法的采用、教学重点的突出、教学难点的突破、教学环节的把握，以及教学语言、语气、表情，等等。因此，说课者要置身于听众思维和学生思维的交会处，站在备课与讲课的临界点，变换说位，编写说案，研究说法，斟酌说点。

另外，没有一定的经验的积累，也很难达到体现说课艺术的境界。实质上，说课的过程隐含在我们备课的过程之中。由此可知，注重平常的积累，加强在备课过程中对说课的有意注意，定能促使我们尽快登上说课艺术的高峰。

七、情感是说好课的动力

"人非草木，孰能无情"，人类的各种活动都与情感有关。同样，在说课中不能不考虑教师的情感因素。情感是人对客观事物与人的需要之间关系的反映。对说课活动具有积极的情感可激发教师说课活力，使教师精神焕发，朝气蓬勃，从而提高说课的水准。

1. 说课要有激情

激情是一种迅速强烈地爆发而时间短暂的情感。积极的激情与冷静的理智、坚强的意志相联系，能激励说课人克服困难、攻克难关，成为说课活动的巨大动力。所以，说课者必须要有激情。

2. 说课要有良好的心境

心境是一种微弱、平静而持续的情绪状态。在心境产生的全部时间里，它能影响人的整个行动表现，在现实生活中，心境的作用是很明显的，积极良好的心境可使人振奋，从而完成困难的任务。

说课要求说课教师具有稳定的情绪，不急不躁，在说课中树立坚定的信心：通过自己不断的努力，教学水平一定能得以充分的发挥。因此，说课教师必须有良好的心境。否则，无论准备多么充分，也有可能发挥失常。

3. 说课要有热情

热情是一种强有力的稳定而深刻的情感。它可以掌握整个人的身心，决定一个人思想行动的基本方向，正如巴甫洛夫指出的："科学是需要人的高度紧张性和很大热情的。"

说课是一种新型教学研究活动。它要求教师既要有深厚的文化专业

知识，又要有较好的教育教学理论知识，更需要有较强的理论联系实际的应用能力和研究能力。说课的难度大，人们对此经验又不足，必然会遇到问题，要想较好地完成这项工作，参与说课，解决遇到的问题，没有热情是无法做到的，所以说课教师要热情参与说课活动。

情感是决定人的活动效率的重要心理因素。说课教师只有化消极的情感为积极的情感，用饱满的激情、稳定的心境、满腔的热情投入说课活动，说课活动才会结出丰硕的果实。

八、意志是说好课的保障

意志是人自觉地确定目的，并根据目的支配调节自己的行动，克服困难，实现目的的心理过程。它对行为的支配和调节具有巨大的作用。意志在说课活动中的作用主要表现为两个方面。

1. 坚持力

坚持力也称"毅力"。它是指人确信行动的正确性而不懈努力、坚持到底的意志品质。

坚持力的根本动力来源于人对事业的信心。说课者坚信说课活动会给教学质量的提高带来新的活力，那么就会推动其去寻找设备、查询资料、向他人请教，使自己的说课活动获得圆满的成功。

自立性是坚持力的重要特点。自立性在这里是指说课者能独立分析情况，形成自己的风格，在说课中不墨守成规，努力创新，不断提高自己的教学水平。

2. 应变力

应变力是指人根据不同情况做非原则性变动的能力。说课是新鲜事物，我们是在"摸着石头过河"，会有许多新的问题出现，会遇到许多新的障碍，这就要求我们凭借自身的应变能力，及时解决问题、克服障碍。

说课既是科学，又是艺术，随机性很大。如果说课者没有理论与实际相联系的较强应变能力，那么说课活动很容易陷入困境；再者，说课者在说课中的角色与讲课中的角色不尽相同，这种角色的移位需要说课者迅速地适应。因此，说课者应有意识地训练自己的应变能力。

认识、情感、意志三种心理要素互相联系。意志的产生是以认识为前提的，离开了认识过程，意志不可能产生，意志对认识过程也有影响，没有意志努力，就不可能有认识过程。认识也是情感的基础，情感又是

认识的动力。意志与情感也有密切联系，情感对人的活动起推动或支持作用时，情感也成为意志的动力，因此要想说好课，说课者应具备良好的心理素质。

说课和学法改革

学法主要是指在教学过程中学生获得经验的方法的总和。应试教育把学生完全看作是教育教学的客体，学生的学习就是被动地接受知识，因此学习方法也主要是死记硬背；而素质教育认为学生是教育教学的主体，学生的学习应该是主动的，方法应该是富有创造性的，因此应试教育向素质教育转变，学生的学法也必须改革。

对学生学法的指导是教学的根本。教师在向学生传授知识、发展学生能力的同时，应该使学生掌握一定的学习方法，并获得在具体的学习情境中选择和运用恰当的学习方法进行有效学习的能力。学法指导作为说课内容的一项，旨在突出学法指导的地位，引起每一位教师的重视，促使他们深入研究学法指导，并在教学中实施学法指导。

学法这项指标所规定的内容和标准包括：①教给学生合适的学习方法和恰当运用学习方法的能力；②结合教学目的、教材特点和学生年龄，贴切并具体地说出理论依据。这里"学法"的阐述是对本节课所要进行学法指导的总说明，即简要地说明教给学生什么学习方法、培养哪些能力和学习习惯，以及为什么这样做。

学法改革的核心是充分发挥学生的主体性，主体性发挥得越充分，学法越主动、越灵活，创造性就越强，学习效果也就越佳。而学生掌握学法必须具备以下能力：掌握独立探求新知的方法，获得不断深造的能力；具有与集体合作的品质，学会认真听取别人的意见，与他人合作解决问题的能力；具备自如表达思想的能力。这些正是说课时教师所反映出来的学法指导水平，因此说课有助于学法改革。

在说课时，不仅要说出采用什么教法，还要讲出准备引导学生运用或教给学生什么学法。教法的应用、学法的指导都以科学的理论为依据，因而能帮助我们正确认识和处理教法与学法之间的关系。

现代教育思想重视学生"学"的方面，但教学方法不是教法加学法的机械之和，而是两者相互影响、相互作用的协调活动的统一体。教法

和学法既是对立的，又是统一的，是矛盾的统一体。一般来说，教师的教法处于矛盾的主要方面，起主导作用，但在教学过程中教师教法的基础是学生的学法,因而学法对教法有制约作用。只有当教师采取一种教法，学生采取相应的学法积极配合时，才能保证教学任务顺利完成。这就是教法与学法的相互转化，即矛盾的主要方面和次要方面互相转化，在转化过程中实现了从"教"到"学"的教学过程。

在说课时，教师对所教学生的知识技能、智力水平、学习态度、思想状况、心理特点、非智力因素要进行分析估计，说出不同层次的学生对教师教学的反应、对新知识的学习有什么困难，以及怎样调动学生求知、求思的主动性、积极性，让学生在完成自我调整和准备的同时，提高学习能力，为"从教到学"这一转化创造条件。

综上所述，说课使教法、学法的改革成为必然，并能帮助我们正确认识教法、学法的关系，是实施素质教育的保证。

说教程应按套路推进

教学程序的基本内涵是课堂结构，从教师的整个说课过程来说，应该是精华、高潮所在。说教学过程是说课的重点部分。因为，通过这一过程的分析才能看到说课者独具匠心的教学安排，它反映着教师的教学思想、教学个性与风格。也只有通过对教学过程设计的阐述，才能看到其教学安排是否合理、科学，是否具有艺术性。通常，教学过程要说清楚下面几个问题。

一、说出整堂课的设计思路及程序

教学过程是一个由多方面、多层次、多因素组成的完整而复杂的过程，教学过程中各因素之间的相互联系，构成了一定的结构与系统，从而形成一定的教学模式。它是在一定的教学思想或教学理论指导下建立起来的、较为稳定的教学活动结构框架和活动程序。结构框架是从静态角度来规范体现某种教学思想或教学理论的教学活动所必须具有的基本操作要素。活动程序则是从动态角度来规范体现这一教学活动的大致操作程序。因此，说课教师在说教学设计思路及程序（环节安排）时，要把自己对教材的理解和处理，针对学生实际，借助哪些教学手段来组织教学

的基本教学思路说清楚。

说教学程序要把教学过程所设计的基本环节说清楚,但具体内容只须概括介绍,只要听讲人能听明白"教的是什么""怎样教的""学生如何学"的就行,无须按教案像给学生上课一样讲解。

二、说出主要教学程序与环节的理论依据

反映在学生的学习方面,包括"要学什么""能学什么""学得怎样";反映在教师教的方面,则是"应干什么""能干什么""干得怎样"。说课者在介绍教学过程时不仅要讲教学内容的安排,还要讲清楚"为什么这样做"的理论依据(包括学科课标依据、教学法依据、教育学依据、心理学依据)。

三、说教与学的双边活动安排

说教与学的双边活动安排具体包括:怎样运用新课程的教学思想指导教学;怎样体现教师主导作用与学生主体活动的和谐统一,教法与学法的和谐统一,知识传授与智能开发的和谐统一,德育和智育的和谐统一,"三维"教学目标的有机统一。

说课堂教学活动还应说清楚哪些地方应开展活动,开展什么活动(如自主学习、合作讨论、分组实验、师生互动交流、课本剧表演、成果汇报),怎样开展活动,等等。

四、说突出重点与突破难点的策略

教师高超的教学技艺体现在突出重点、突破难点上。这是教师在教学活动中投入的精力最大、付出的劳动最多的方面,也是教师的教学深度和教学水平的标志。因此,教师在说课时,必须有重点地说明突出教学重点、突破教学难点的基本策略。教师的说课,要从知识结构、教学要素的优化,习题的选择和思维训练,教学方法和教学媒体的选用,反馈信息的处理和强化,等等方面去说明突出重点、突破难点的步骤、方法和形式。

1.突出教学重点的策略
(1)抓住题眼(题目的含义)分析。
(2)抓住教材的关键字词分析、研究。

（3）抓住教材中概括性、总结性的中心句、重点段分析。

（4）依据教材内容结构，层层深入。

（5）运用图表、模型、多媒体等突出重点。

（6）通过设疑激发学生急于求解的悬念，突出教材重点。

2. 突破教学难点的策略

（1）集中一点法——通过许多问题的讲解集中解决一个主要难点问题。

（2）化整为零——把一个比较难懂的难解的问题分成几个小问题，先指导学生弄懂小问题，大问题也就迎刃而解。

（3）架桥铺路法——设计一些铺垫，通过"架桥铺路"，帮助学生突破难点。

（4）提问助答法——把教学难点化解为问题形式，通过提问助答等方式帮助学生解决难点。

（5）迁移过度法——用已经学过的旧知识，通过知识巧妙的迁移，帮助解决难点。

（6）暗示点拨法——在教学中学生思维受阻或产生偏差时，应抓住症结所在巧妙点拨，使学生豁然开朗。

（7）动手操作法——通过有目的地做演示实验，让学生动手操作，可有效突破难点。

（8）多媒体演示法——利用多媒体，把不易解的难点展示出来，更有利于教学难点的突破。

五、说教学媒体的选择与使用

教师、学生、教材、媒体是课堂教学的四要素。课堂教学是以信息交流为主要活动载体而存在，媒体在教学中的作用不可低估。教材、板书、幻灯、课件等都是我们交流的重要载体。

在课堂教学中，教师通过媒体向学生传递信息，学生利用多媒体创设的情境进行协作学习，通过媒体向教师反馈学习信息，实现师生之间、学生与教材之间的信息交往，达成教学目标。因此，在说课时，教师还应说明本节课选用了哪些教学媒体？为什么要选择这些媒体？这些媒体什么时候使用？这些媒体在突出重点、突破难点方面有何作用。

课堂教学程序的十大策略

课堂是学校最基本的教学单位，它是一种有组织、有领导的师生共同进行的教与学的双边活动。传统的课堂教学管理主要采取管、卡、压等办法以控制学生的问题行为，而结果往往是问题行为越来越多、越来越严重。为了建立有利于教与学的积极的课堂气氛，教师可以采用以下方法进行课堂教学管理。

1. 以情唤情

课堂中，学生思想不集中，低声讲话或做小动作，在所难免，这是学生阶段生理心理特征所决定的。即使再高明的教师说课，甚至组织公开课，也会出现这种情况。这种情况产生的原因很复杂，但最主要的还是缺乏一个"情"字。以情感人，以情管人，是解决上述问题的好办法。例如：当教学进入基调清新爽朗时，教师必须以愉悦欢快的心情去引导学生；当教学转入基调哀愁悱恻时，教师必须以沉郁凄凉的心情感染学生；当教学要求严密的科学性和清晰的条理性时，教师的心情则应平和、舒快；当教学呼唤思维逻辑严密，或深沉，或激昂，教师的心情也必须随之严肃、振奋。这些情感借助教材和一定教学手段，传示给学生，它会像磁石般吸引住学生。另外，对学生的处理更少不了一个"情"字领先，从语意到行为都要使学生感到教师是在关爱他，使其主动配合教师的课堂管理。

2. 轻敲响鼓

教师在教学过程中把声音的音质、音量、声调、语音和节奏等加以组合变换，把声音的声、色、情融为一体，运用到语气上，用含蓄的方法对学生出现的违纪行为进行诱导和影响。响鼓不用重锤，学生听到教师"弦外之音"，从而领会到教师的意图和良苦用心，于是做出知心、知情、知理的反映，及时改正自己的错误行为。这种办法既巧妙地解决了那个学生自己的问题，又不会影响其他人的注意力。

3. 目光暗示

人眼为窗，可以传情传神。教师课堂上视野所及，可以眉目传情，促进学生专心听讲。偶尔有学生面朝窗口，思想"跑马"，教师可运用目光注视，将自己的愿望、态度、思想感情和言语迅速传递给学生。淡漠、

严厉、责备的目光使学生触目知错，立即醒悟；热情、慈祥、赞许的目光使学生触目会意，精神振奋。教师不论是提出问题、指导自学、启发释疑或小结强化，都要用期待的目光，尽可能去平视或环顾大多数，切不可总是两手扶案，目中无学生；也不能只站在教室一隅，视线顾此失彼。尤其要不时地环视前后左右，特别是后排的左右两角，对潜能生，更应予以满腔热情的关注。

4. 动作指引

教师在课堂上的一颦一笑，举手投足，都能传达管理信息，是课堂上师生互相感知的意识信号。例如，教师的手势具有状物、言志、召唤、传情的特殊本领，可以成为辅助课堂管理的非语言的外部表现形式，可以引导学生意识，可以把自己的意图、教学的宗旨和学生的接受意向牵引到一起，让学生在有限的课堂时间中按照教师启示的思路去学习、去领悟、去融会贯通，并有所创造。教师的面目表情也有一定的潜在控制作用，表示理解的微笑和思考式的点头，则流露出教师对学生的鼓励和期待；表示满意的微笑和赞许式的点头，则流露出教师对学生的热诚与喜爱，可以达到移情传神的功效。甚至教师的站态，与学生的空间距离和行间巡视等体态活动，也具有吸引学生注意力，组织课堂说课教学管理的作用。

5. 冷却制动

在课堂上遇到突发问题，教师应冷静分析，泰然处之，予以"冷处理"。比如上课铃响后，教师夹着书本信心十足地走进教室，却发现教室里十分混乱，有的交头接耳，有的打斗疯玩。即使他们看到老师来了，有的还沉浸在刚才的嬉戏追逐之中，有的则陶醉在课间休息时的趣谈中尚未清醒。具有这种心态的学生，突然集中在课堂上，正如奔腾的激流，一下遇到挡住去路的闸门，会出现一种反激的浪花如一股回旋的倒流，情不自禁地表现出言谈举止的"出格"。这时教师不宜马上讲课，更不要大声呵斥。因为上节课刚结束不久，课程变换后，学生需要一个短暂的放松时间以重新调整身心倾向。上述行为可姑且看成是学生卸下某种心理负担、转换思维、接受新课的准备。此时教师可以采取"以静制动"的办法，站上讲台，只用一种平静的目光扫视学生一周，形成一种吸引力，把他们"散放的心"吸引到课堂上来，或者在黑板上写下醒目的课题，转移他们的注意力，学生转瞬就会各归原位，安静下来，恢复教学秩序。

6. 行为矫正

行为矫正就是采用一套奖优罚劣的措施，树立正气，激励积极力量或行为，抵制消极因素，并长期坚持，形成制度。这要以奖优为主，罚劣为辅。奖励以精神奖励为主，如口头表扬、增加操行分等；罚劣切不可采用讽刺、威胁、隔离、体罚等手段，应当努力将惩罚变为一种学生愉快的自我教育。如魏书生老师创造的学生学习"违法"（违反学习管理的规定）自我惩罚的五种方式就是很好的例子。谁"违法"，除补上学习任务外，还要从五种方式中挑选一种进行自我补偿：（1）为别人、为集体做件好事，以补偿内疚心理；（2）为大家唱支歌，或表演个节目，增强自制观念；（3）写一份说明书；（4）写一份心理病历；（5）写一份个人法庭审判程序。奖优罚劣可增强学生健康的自我意识，促进人格的自我完善。

7. 旁敲侧击

课堂上学生出现做小动作、接话茬、喧闹、过分放肆等违纪现象时，教师理应当机立断处理。不过，对绝大多数学生来说，干扰只是瞬间的一种失控表现，并不是有预谋的行为。教师应慎重地考虑学生的情感和自尊心，采用旁敲侧击的方式，使其知道他的行为已被老师注视而应立即纠正。如盯他一眼，朝他点点头，轻轻敲击一下他面前的书桌，或站在他身旁略为停留，或叫他本人或周围学生答问，等等，通过微妙的方式把信息传递过去。这样，师生情感容易沟通，见效快。

8. 分组约束

课堂教学一般都分有学习小组，4—8人不等。每组既有优生，又有潜能生。组长可由优生和潜能生轮流担任。一方面使他们彼此学习，互相帮助和督促；另一方面使他们"正人先正己"，人人都是管理者。还可以将全班同学分为优、良、中三个不固定的，由教师内部掌握的程度级。通过程度级对学生实行异步管理。发现某个学生进步时，鼓励其不断起跳，释放潜能；发现某个学生退步时，及时做好转化工作。而且对不断变化的学生实行动态管理，不断调整级别，提出新的要求。这种管理，既有可靠的组织保证，又有严格的质量控制，可以收到学习、身心同时进步的效果。

9. 环境熏陶

环境可以作用于无意识或者非理性的心理，进而孕育出某种倾向来。

环境的影响是隐形的，却是有力的。它可以避免学生产生反感情绪，容易激发学生心理潜能。教师要尽力创造一个良好的班级环境。因为理想的社会心理，以外在的组织气氛潜移默化地影响着群体中每一个学生心理状态和行为方式，以一种无形的力量非强制性地规范着群体中每个成员的行为。教学改革的实践证明，新的教学思想和教学模式可以创造出优秀的集体，优秀的集体又以良好的社会心理环境和班风、学风，使学生产生一种积极向上、主动学习的心理趋向。这种良性循环，带来了课堂教学管理的高效能。另一方面，教师还应当注意课堂客观环境的布置。例如，教室的布置要注意颜色的选择和光线的处理。自然适度的光线有助于师生在教学中的情感交流，促进师生心理相融。教室空间的合理布局和课桌、凳的美观排列不仅消除了"教学死角"，而且能够使全体学生处于教师视野之内，从客观上提高课堂管理效果。甚至教师的仪表对学生同样具有潜在的影响力。例如，浅色服饰给学生以亲切感，深色服饰给学生以庄重的"权威"感，艳丽服饰则易分散学生注意力。教师应讲究朴素大方、整洁，不穿奇装异服。衣服色调尽以淡雅、调合、鲜明为宜。穿西装，系上领带，以显气度；穿中山装，系好风纪扣，以显严谨。这些环境的熏陶，对课堂教学管理的约束力都是不可或缺的。

10. 自我管理

课堂教学已能充分发挥学生主体作用和教师主导作用时，学生良好的学习习惯和风气基本养成，自控力、自制力都大大提高，这时可由学生自我管理。"管"是为了达到不管，这是我们课堂教学管理的最高境界。这时教师重在指导学生管理的方法和经验，使他们学会管理。同时加大教学改革力度，采用各种方式，使教学成为一个开放系统，使教学贴近生活，从而不断培养学生的自我管理习惯和提升学生的自我管理能力。